Владимир Серкин

ЗВЕЗДЫ шамана

философия шамана

Издательство АСТ
Москва

УДК 1/14
ББК 86.4
С32

Серкин, Владимир

С32 Звезды Шамана: философия Шамана / Владимир Серкин. – Москва : Издательство АСТ, 2017. – 320 с.

ISBN 978-5-17-101416-2.

Книга «Хохот Шамана» («Свобода Шамана») переиздавалась на русском языке уже более 30 раз, переведена на литовский, болгарский, немецкий (три переиздания) и сейчас переводится на другие языки.

В новой книге «Звезды Шамана» («Философия Шамана») автор продолжает описание диалогов, необычных практик, образа жизни и мировоззрения человека, которого окружающие считают шаманом. Шаман очень много лет (может быть, уже почти сто) живет один в зоне вечной мерзлоты без всякой поддержки социума. В то же время он «патологически здоров», практичен и рационален, периодически бывает в городах с целью осваивать новые отношения и практики изменяющегося общества. Многие его размышления и советы поражают парадоксальностью, однако часто помогают изменить свою жизнь в сторону большей осмысленности, человечности, здоровья, организованности и материальной обеспеченности.

УДК 1/14
ББК 86.4

ISBN 978-5-17-101416-2.

Содержание

Звезды Шамана

Введение

В современных условиях наука
свободна лишь в искусстве.
Автор

Постоянно «развивающиеся» тексты «Хохот Шамана», «Шаманский лес» и «Свобода Шамана»[1] вызвали много вопросов: получаю письма каждый день. Физически (по ресурсам времени) я не в состоянии ответить на большинство писем. Тем более, что некоторые ответы требуют и серьезного размышления, и дальнейшего развития и углубления обсуждаемых мыслей. Искренне благодарю всех, кто прислал отзывы и вопросы, и надеюсь, что новый текст «Звезды Шамана» даст ответы на часть из них.

---

[1] Все эти тексты объединены в книге «Свобода Шамана» (Изд-во АСТ, начиная с 2012 г. и позже).

О чем новый текст? Первый текст «Хохот Шамана» является описанием его жизни и мировоззрения. Но жизнь не стоит на месте. Шаман не похож на бородатого мифологического мудреца-йога, сидящего неподвижно среди заснеженных вершин. Он меняется и развивается вместе с миром. И он знает, что нужно изменяться и развиваться. Поэтому он меняет места жизни и круги общения, оставаясь, насколько возможно, свободным от социума.

Тексты «Хохот Шамана», «Шаманский лес» и «Свобода Шамана» описывают мировоззрение и, частично, философию человека, живущего отшельнической жизнью. Такая жизнь на Северо-Востоке России возможна далеко не для каждого, и я не советую «бросаться» в нее, не попробовав и в теплое, и в холодное время года пожить так сначала пару недель, потом месяц и более. Без подготовки это опасно для жизни.

В тексте «Звезды Шамана» я акцентирую внимание на философских аспектах его мировоззрения, специально обращая внимание не только на единство с миром и умение видеть знаки этого мира (это есть частично и в предыдущих текстах), но и на конструирование, выстраивание этого мира, с одной стороны — гармонично с потоками мира и безопасно для всего окружающего, с другой — так, как это нужно Шаману с его достаточно безупречной, с моей точки зрения, системой ценностей и самодисциплиной.

Если читатель не может пока удержаться от желания съесть иногда лишний кусочек, конфету, выпить, включить телепередачу или общение в Сети, выкурить сигарету и т.п., рекомендую после первого прочтения текста научиться лучше контролировать все это (не отказаться совсем, а контролировать, что немного труднее) и потом прочесть второй раз. Это будет другой текст, прочтенный более подготовленным человеком. В другом тексте откроются и новые нюансы.

С сентября 2011 года я стал работать в Москве на факультете (теперь — департаменте) психологии Высшей школы экономики (НИУ ВШЭ). Польза есть: после четверти века работы в Магадане необходимость адаптации в Москве расширила и [модернизировала] мой кругозор, а более высокие, хотя и не всегда разумные[1], конкурентные требования заставили подтягиваться к современному уровню научного истеблишмента. Но я не мог общаться с Шаманом…

За первые два года я четырнадцать раз (потом перестал считать) вырывал из напряженного московского графика две недели или десять дней, тратил деньги из своей по первому году совсем скромной профессорской зарплаты[2] и магаданских сбережений и летал в Магадан, Владивосток, Иркутск (слух, что Шаман обосновался на Байкале, не подтвердился), Хабаровск, на Сахалин, Чукотку или на Камчатку. Больше, понятно, никуда не летал: ни времени, ни возможности. В конце июля 2013 года Шаман позвонил мне

[1] Требования публиковаться на английском в журналах, включенных в зарубежную индексацию, сильно отвлекают ученых и преподавателей от собственно научной и преподавательской содержательной работы.

[2] В 2011 году просто бюджетный оклад профессора, доктора наук был 30 тыс. руб./месяц. При этом квартиру снимал за 35 тыс. Во избежание слухов точную официальную информацию о зарплате см. на официальном сайте НИУ ВШЭ.

(в Магадане), и я смог обсудить с ним некоторые вопросы. Часть обсуждения изложена в этой книге.

По-прежнему нецензурные выражения Шамана изменены в тексте. Изменения выделены курсивом.

Все чаще появляющиеся в моих текстах словосочетания-через-тире иллюстрируют обычный эффект несовпадения мысли и развернутой устной речи: мысль (значение) есть, а соответствующего понятия в языке нет. Вот и приходится такую короткую мысль (значение) передавать развернутой цепочкой слов. Для более сложных значений по мере развития текста придумываю что-нибудь еще.

Рассчитываю, что предыдущие книги продвинули зону ближайшего развития[1] многих читателей, и продолжаю дальше описывать непривычные для современного человека мысли. Например, развиваю мысль про паука, для которого я одновременно и спереди, и сзади (мои руки с двух сторон), и Духа местности, который одновременно находится со всех сторон от меня (см. раздел «Дальше личности») до мысли про существ, больше чем я не только в пространстве, но и во времени; ставлю вопрос не только о действии, но и воле к действиям и о смысле намерения и действия (см. Раздел «Воля и смысл»). Конечно, «Звезды Шамана» будет легче прочесть тем, кто читал мои предыдущие тексты, но

[1] Зона ближайшего развития (ЗБР) — термин, введенный Л. С. Выготским при описании развития ребенка. ЗБР определяется уровнем тех задач, которые ребенок пока не может решить самостоятельно, но уже может решить с помощью взрослого. Считаю, что термин ЗБР вполне применим и к описанию развития взрослых, например при профессиональном обучении, освоении новых практик и т.д.

я старался писать так, чтобы и другие читатели смогли понять и обдумать основные мысли.

Но **эта книга труднее предыдущих. Нелегко сразу прочесть ее целиком. Лучше сначала привлекшие внимание темы, части или фрагменты.**

В Приложении № 2–4 размещены опубликованные вполне научные статьи. Они оказались связаны с множеством диалогов (я просто использовал и пытался развивать в статьях мысли из некоторых диалогов). Увы, я не могу в научной статье поставить такую, например, ссылку: «Из разговора с Шаманом на Охотском побережье. Зима 2015». Но прямо пишу об этом здесь. Шаман в курсе, и его это абсолютно не интересует. Статьи эти читать необязательно, только если есть желание лучше разобраться в обсуждаемой в диалогах теме (сноски есть в тексте диалогов).

Не все в ответах Шамана я сам понимаю до конца. Но доверяю. В тексте «Звезды Шамана» я предпринял небольшую попытку собственного первичного обобщения (см. раздел «Философия Шамана»).

Отвечу заранее на некоторые вопросы.

1. Если человек что-то придумал или знает и контролирует, то из этого вовсе не следует, что он знает и контролирует вообще все. Одни люди просто делятся своим небольшим знанием. Другие — из своего небольшого знания создают культы-школы...

2. Я не беру учеников только потому, что человек приехал в Магадан, или схватил меня за рукав при входе в лекционную аудиторию, или попросился через электронную почту на мои семинары. Ученики могут «образоваться» лишь

в совместной деятельности. Деятельность конституирует[1], то есть выстраивает, образует и сознание, и тело человека, и инструментарий, и саму себя.

3. Не воспринимайте текст слишком буквально. У нас с Шаманом много метафор и шуток. Задавайте вопросы.

---

[1] Подробнее см. в статье: Серкин В. П. Деятельностная теория сознания // Психология. Журнал Высшей школы экономики. 2015. Т. 12. № 2. С. 93–111. http://publications.hse.ru/articles/153729036. Здесь см. Приложение 4.

Дальше личности

17.07.2015

Плавник (вынесенные морем бревна-дрова) на побережье распределен неравномерно. То голый берег, то довольно много дров, опять голый берег, и вдруг завалы в тысячи кубометров. Понятно, что в бухточках дров должно быть больше, чем на мысах. Так и есть, но не всегда.

Течения? В некоторых местах я годами беру рыбу и краба на резиновой лодке. Что голый берег, что завал, что просто с дровами — нет никаких особых течений. Ветра? Как там учили в школе полвека назад? Пассаты и муссоны. Но они дуют и на голый берег. Наверное, просто какое-то сочетание ветров, волны и береговой линии. Не очевидно. Люди не находят закономерности и просто идут вдоль берега искать дрова...

Так и в жизни. Сочетание ветров и обстоятельств. Только мы — не дрова. «Мы — не рабы. Рабы — не мы»[1]. Рабы немы. А обычный человек имеет мнение. Правда, его мало кто слушает. Мы, конечно, не рабы. Но большинство ходят и ходят по кругу, пока есть силы, как лошадь, впряженная в конную водокачку. Лошадь понятно почему. Но люди почему? Многие чувствуют — нет перспективы, только зря время и силы уходят. Но, ходят и ходят, ходят и ходят.

— Почему большинство не реализуют свои проекты?

— Это один из залогов стабильности общества.

— Да они не думают о стабильности общества. И недовольны. Но и проектов у них нет.

— Уже говорил, что люди приучены мыслить определенным образом[2].

— Как приучить человека мыслить? Мысли же не видны-слышны. Даже родители не могут так сильно влиять на ребенка.

— Родители не все могут, а общество может.

— Как, в чем механизм?

— В значениях слов и предметов.

19.08.2015

Утренние сумерки постепенно белеют. Свежо. Но уже лучи солнца осветили белые ледники и серые гранитные скалы на вершинах сопок желто-розовым. Заросли стлани-

---

[1] Из методички по программе Ликбеза (всеобщей ликвидации безграмотности) 20-х — 30-х годов XX века.

[2] См. пункт «Не бойся» в книгах «Хохот Шамана» или «Свобода Шамана».

ка, покрывающие сопки ниже, пока в тени, темно-зеленые. Мы тоже пока в тени, но через час-полтора солнце обогреет. Сниму сначала штормовку, потом свитер. Тело, как бы сжавшееся от ночного холода, расправится, освободится. Днем вообще можно будет бродить по стоянке и вокруг только в шортах и шлепанцах.

Пока можно греться чаем. Чай на костре вкуснее, чем на плите, как ни крути. А настоявшийся за ночь с добавкой трав Шамана... Дома иногда пьешь чай и вспоминаешь-предвкушаешь утренний чай у костра в красивом месте. Где до тебя не ступала нога человека[1]. То есть место чистое не только физически, но и энергетически.

Душа отдыхает. Жаль, это не может длиться достаточно долго. Нужно в город, нужно работать. Нужно ли? Шаман вот ни пенсии, ни зарплаты не получает, а как живет! Но я жить так пока не готов. Скорее физически не уверен, чем психологически.

Шаман, философ — собиратель — рыбак — охотник — вообще без пенсии — здоровый мужик, абсолютно спокоен. Слился в тени горы с гранитными валунами и кустами стланика и поглощает чай с сушками. Столько лет общаюсь, но как постичь мировоззрение — философию, позволяющее быть таким? Может, рискнуть, «рвануть» связи с социумом, как он много-много лет назад? Никого не призываю. Если для меня с кое-каким опытом это огромный риск, то для неподготовленного человека...

---

[1] Таких мест в Магаданской области, на Чукотке и Камчатке гораздо больше, чем мест, где человек побывал.

Что вообще должно случиться с человеком, чтобы он предпочел жить отшельником? Какой социальный ожог? Все нормальные геологи-рыбаки-пограничники, все вахтовики-полевики-сезонники-сменники и даже уголовники мечтают через некоторое время вернуться в общество.

Или здесь дело не в травме, а продвижении дальше личности?

— Знаешь, по науке ты невероятнее инопланетянина.

— Почему?

— Все современные теории личности, то есть вообще все — и наши, и зарубежные, построены на описании общения человека с другими.

— Конечно, без этого нет большинства современных людей.

— Но ты можешь не общаться.

— Не общаться не могу. Просто не все с людьми.

— То есть ты уже не человек?

— Тогда и люди, общающиеся с кошками-собаками, лошадьми-растениями-скалами, тоже «нечеловеки»?

— Но сначала ты был как все.

— И сейчас как все.

— Да нет[1]. Люди так порабощены социумом, что не смогут оторваться.

— Было время, я обдумывал начала, *как ты говоришь*, порабощения.

— И когда оно начинается?

— Еще до рождения.

---

[1] После одного из выступлений М. Задорнова я всегда употребляю выражение «Да нет» с некоторой внутренней улыбкой.

— Кастанеда пишет, что взрослые «накачивают» ребенка описанием мира, из которого потом не вырваться.

— Все еще глубже.

— Куда уж?

— Чтобы «накачивать», как ты говоришь, описание, нужно, чтобы было **что** накачивать и **чем** накачивать.

— То есть все знания — часть общественного порабощения?

— Только часть.

— А что другая часть?

— Язык, слова, отношения.

19.08.2015

Около двух дня. Сошлись к костру выпить чаю. Шаман куда-то далеко ходил — часов шесть-семь. Общаться с Духами, наверное. Ничего не принес, ни ягод-грибов, ни трав, только немного дров, собранных за последние пять-семь минут пути.

А я набрал лисичек и немного белых. И Шаману, и своим в город. Климат меняется. Лет десять назад появились единичные лисички, а сейчас весь южный обрыв огромного плато в них. Есть просто гигантские, с ладонь. И белых тут вообще раньше не было. Выложил грибы, чтобы не мокли в пакете, на солнышко на большом плоском валуне. Голубое небо чуть затянуто туманной дымкой и небольшими облачками. Ветерок как раз «что доктор прописал». Овевает, освежает. Гармоничный день.

Напившись, лежим на травках-мхах и неторопливо продолжаем утренний разговор.

— При чем здесь слова?

— Слова сделаны так, чтобы одним было удобнее, а другим нет.

— Да? Вот кружка. Чем же слово «кружка» кому-то удобнее, а кому-то нет?

— Дома пьешь чай из чашки?

— Из стакана с подстаканником.

— А чо не из кружки?

— Кружка для походов. Дома из походной как-то ...

— Кружка классная, стальная. Сто лет можно пить и дома, и в походах.

— Дома все же принято по-другому.

— Поэтому ты купил и кружки, и чашки[1], и стакан с подстаканником?

— Почему если дома, то сразу «купил»? Подарили *(смеемся)*[2]. Еще и разные бокалы-рюмки. И все не необходимо. Но выгодно производителю-продавцу.

— Понял про язык?

— Да, с языком «накачиваемся» ритуалами.

— Глубже. Не только ритуалами, но и смыслами.

— А это как?

---

[1] Исторически кружки, чашки и другие предметы развились как части практик или ритуалов. Но для отдельного человека **эти слова и предметы были уже до его рождения.**

[2] Здесь аналогия с советским анекдотом 60-х: представитель одной из национальностей (в анекдоте точно, но сейчас в тексте политкорректно не указываю) устраивается на работу. В отделе кадров спрашивают: «Диплом-то купил, наверное?» — «Почему, если моей национальности, то сразу купил? Подарили!»

— **Уже до твоего рождения есть книги, картины, музыка, фильмы и много чего, где построены и эмоции, и отношения того, кто к ним обратится.**

— Но ведь я сам выбираю, читать/не читать книгу, смотреть/не смотреть фильм.

— Маленьким не ты выбираешь, а родители, программа ТВ или школьная программа. Потом опять не ты, а, например, мода на книгу. А еще старше — совместно.

— Совместно с кем?

— Хорошая **книга или картина, например, создают в культуре информационно-энергетическое напряжение. И они «подходят» или «не подходят» человеку с его энергоинформационной структурой по принципу комплиментарности.**

— Да, бывает даже, что начинаю в магазине книгу листать и сразу чувствую: моя — не моя.

— Часто люди даже и по рекламе чувствуют. То есть для них задается культурный общественный туннель.

— Как же вырваться, если еще до рождения начинается?

— Зачем вырываться? Многие именно этим живут, для них это ценно.

— Да я не отрицаю ценности. Но хотелось бы контролировать влияние на себя.

— Только что ты чуть двинулся к освобождению, осознав это.

19.08.2015

Помолчали. Кажется, чуть вздремнул. Мыслить можно смутно, что-то само соображается. Или образами. Но чтобы начать действовать, часто нужно мысль оформить словами. А когда оформляю мысль словами, пользуюсь созданным до рождения языком. А структуры языка становятся правилами мышления ...

Заколдованный круг. Чтобы оформлять мысли, нужны знания и язык. Чтобы стать личностью, нужно их сначала усвоить. Но знания и язык заставляют определенным образом мыслить. Ловушка-засада еще рождения? Есть выход! Даже два. Даже три. Первый — практики остановки языка. Их еще называют остановками внутреннего диалога. Буду использовать, конечно.

Второй — действовать интуитивно. Это точно было в жизни каждого. Только не каждый сможет множество таких случаев вспомнить, осмыслить и начать ими управлять. Потому что для этого нужно опять-таки использовать язык.

И, кажется, третий — став личностью, можно начать постепенно самому выбирать использование языка и мысли. Чтобы не они тобой управляли, а ты ими. То есть **перерасти** влияние общества. Рассказал глядящему в небо Шаману.

— Как тебе мысль?

— Нормально. *(Шаман не сменил позы, не перевел на меня взгляд, как обычно. Отвечает лежа, закинув руки за голову.)* Только таких личностей почти нет.

— Да ладно. Любой взрослый — личность.

— Да? И кто, по-твоему, личность?

— Человек, который освоил-соблюдает социальные правила... в основном.

— То есть приспособился?

— Ну, еще сам принимает решения.

— Прям-таки сам? И что за решения?

— В основном как жить дальше, строить отношения.

— Как получше приспособиться?

— Понятно, к чему ты клонишь. Но это нормально.

— Для кого?

— Для общества.

— Приспособление — цель личности?

— Для таких, как ты, отшельников, конечно, нет. Но в основном. А что, по-твоему, личность — это против общества?

— Что ж ты мыслишь так полярно — только «за» или только «против». А не может быть иногда «за», иногда «против»?

— Так и есть. Я за многое, но не за все.

— За что многое?

— Ну, там, экологию, образование, человечность, борьбу с наркотиками... Можно часами перечислять.

— А «против»?

— Например, когда не согласен с несправедливым решением.

— А если решение начальника?

— Все равно против.

— Так это же против приспособления.

— Я не говорил, что личность — только приспособление.

— Да ладно. Что же еще?

— Есть что-то поважнее приспособления. Духовность, честь, любовь ...

— Ты забыл кое-что.

— Что?

— У большинства современных людей есть несколько конкретных «мечт», которые можно было бы легко исполнить с помощью миллиона долларов.

— Знаю, житейский набор: хорошее жилье себе и близким, машина, гараж, участок с красивым домиком…

— Вот-вот. Скажи, если человеку предложить этот лимон, но с условием никогда не творить (изобретать, рисовать, писать, исполнять, познавать и другое), он взял бы?

— Знаешь, многие бы взяли.

— Говорю же: настоящих мало. Выйти из-под социума — та еще задача. Довольно творческая. И вообще, само по себе — не задача.

— Что значит само по себе — не задача?

— Ставить отдельную задачу — выйти из-под социума — глупость.

— Почему?

— **Идеальная (нематериальная) устойчивая форма человека – совокупность его образов[1], значений, переживаний и смыслов. Она «собирает» или при неправильности «разрушает» физиологию человека. Если у тебя нет пока новой осознанно построенной идеальной формы, то отказ от культурных значений и смыслов приведет к разрушению тела.**

— То есть сначала нужно построить новую форму?

— Обычно постепенно. Ты можешь выйти за личность, развиваясь в своем направлении.

[1] См. про идею, про образ самого себя в кн. «Хохот Шамана».

19.08.2015

Сидим на нависшем над обрывом скальном массиве, смотрим вниз-вдаль на сверкающую золотом поверхность моря. Самое теплое время суток где-то с двух дня до пяти. Ветерок затих совсем. Солнце разогнало дымку. Без облачка, аж немного фиолетовая высокая синева неба. Кусты и огромные гранитные валуны выписаны на фоне неба особенно отчетливо. Будто-то кто-то обвел контуры тончайшей черной линией.

Во второй половине августа на таких вершинках ни комаров, ни мошек, ничто не отвлекает. Также ясно, даже немного безжалостно-жестко мыслится.

— «За личность» не всем доступно?

— Трудно перерасти приспособление.

— Практики повоевать с общественным мнением?

— Опять за свое. Освободиться — не значит стать противником. Освободиться — иметь независимую позицию, с которой будешь выбирать. И свою цель.

— Да, таких крайне мало.

— Зато много в иллюзиях независимости.

— Как понять, где иллюзия, а где свобода?

— В иллюзии человек только мантру «я свободен» проговаривает, а в реальности действует со своей позиции.

— Трудно.

— Многим еще и страшно.

19.08.2015

Протянул руку, снял с невысокого, сантиметра тричетыре кустарничка несколько уже бархатистых от зрелости и солнца ягодок голубики. Кустарнички тут такие невысокие из-за ветров. Ветров-ураганов на вершинах больше всего. Приспособились. Но и солнца больше всего. Эти кустарнички ягоду начинают давать раньше всех и плодоносят дольше — до начала сентября. И повкуснее обычных. Не только со штормами-пургами борются, живут полноценно. В чем, интересно, их смысл?

— Освободишься — и что потом? В чем смысл?

— Иди дальше. Постепенно начнешь жить и сотрудничать в, *нет слова в человеческом языке*, **в более широком, чем человеческое, обществе.**

— И подчиняться ему?

— Пока не повзрослеешь в новой системе[1].

19.08.2015

Оранжевое закатное солнце садится за гору, окрашивая все в цвет своих лучей. У Шамана, сидящего спиной к морю, левая половина лица оранжевая, правая в тени. Себя я не вижу, но знаю, что у меня правая оранжевая, левая в тени. Как два краснокожих индейца у костра.

Как индейцы принимают решения? Если верить этнографам, ход их мысли не совсем понятен европейцу. Мы можем только предполагать, что они увидели какие-то знаки в дыму, в облаке, полете птицы... Но точно не знаем.

— Можно ли действовать только по интуиции, не оформляя словами?

— Можно, но тогда в нашей культуре опыт не сохраняется.

— Как это?

---

[1] См. Приложение 5.

— Бывает, что что-то сделал, а в той же или похожей ситуации повторить не можешь?

— Да-а, был у меня замок. То сразу открывался, то минут по десять-пятнадцать с ним мучился.

— И как справился?

— Присмотрелся и понял, что нужно вставить и потом чуть-чуть, на полмиллиметра его (ключ) назад подать.

— Вот «полмиллиметра назад» — уже способ.

— То есть **у нас способ – это действие, оформленное словами**?

– *(Шаман кивнул).* Или образом.

— С этим замком получается, что способ лучше интуиции.

— Конечно.

— Почему мы так трепетно относимся к интуиции?

— **Способ, как туннель в горе. Ты легко проходишь, но всю гору уже не видишь.** Если цель или ситуация чуть изменились…

19.08.2015

Тревожно думать о выходе из привычного общества. Это мне, взрослому. Страшно — не страшно. Можно об этом не думать и жить спокойно-дальше-нормально. Иногда вспоминать, что умышленно остановился в развитии, и отгонять эту мысль подготовленными обществом для таких случаев словами типа «А-а-а, чушь собачья». Есть же одобряемые всеми почетные образцы северной старости: домик с участком в хорошем климате, овощи-плоды-ягоды для приезжающих летом с Севера внуков. Сейчас еще и общение по Сети.

Потом, конечно, болезни-немощь. Но это, наверное, в любом варианте. Лучше не думать.

А можно пытаться продвинуться дальше общепринятого. Не истерично-подростково, а по-взрослому, продуманно и ответственно. Все равно один конец в любом варианте. Окружающие в основном не поймут. Некоторые будут что-то чувствовать, но им же некогда — жить же надо, свои проблемы решать. А у большинства есть подготовленные обществом штампы: «А-а, этот приехал». Или: «О-о-о! И он приехал!»

Хотя мне-то что? Я же «приеду из» этих отношений. Найду ли общество таких же? Или жить как Шаман? Но сколько же нужно сил, которых не чувствую пока.

— Знаешь, общество не одобрило бы такие мысли.

— Почему?

— С такими мыслями человек выходит из подчинения обществу.

— Тогда и твой текст...

— Понимаю.

— Не беспокойся, подростки не выйдут[1].

— Но все же общество будет против.

— Старое против, а новому без этого не выжить.

— Попробую все же «выйти», наверное.

— Только очень-очень осторожно и аккуратно.

(Показалось или Шаман переживает — беспокоится за меня?)

---

[1] «Подростками» в нашем с Шаманом общении называются люди, которые независимо от возраста (от 15 до 125) лет все еще нуждаются в самоутверждении перед другими.

Вдруг понял, как ему хочется, чтобы рядом был не задающий вопросы учащийся, а равный собеседник и соратник. А может, даже и он тоскует по детско-ученической позиции? Чтобы рядом был кто-то более знающий и берущий на себя ответственность. Хотя *это вряд ли.*

«Пошли ему Бог второго, чтоб вытянул петь как он…»[1]

Без даты

Однажды, еще в 99-м привел к Шаману друга, уступив его многочисленным настойчивым просьбам. Войдя в хижину, друг был несколько разочарован: связки сохнущей рыбы и пучки трав под навесом перед входом; железная, уже прогорающая печка, обложенная камнями; вместо шаманских атрибутов на стенах на гвоздях висели обычные инструменты; низкий потолок, маленькое окошко, неказистая посуда, видавшая виды лопата, выбитый веник, коричневые доски нар… Не так он себе это представлял.

«Входи, — сказал ему брутального вида небритый, бесцеремонный босой мужик (Шаман), валяющийся на нарах. — Здесь то, зачем ты пришел».

Когда, проводив воодушевленного разговором друга, я вернулся в хижину, Шаман предупредил, что если я буду сюда водить людей без согласования, то больше его не найду.

20.08.16

Какое дождливое лето!.. В июне было солнечно и сухо. Аж ручьи стали пересыхать, а в июле-августе дождь моро-

---

[1] Из песни В. Высоцкого.

сит почти непрерывно. Правда, Шаман говорит, что скоро будет полоса солнечных дней, но мне к 1 сентября в Москву, учебный год начинается.

Иду в тумане и мороси. Метров за 10—12 уже ничего не видно. Хорошо, что дорогу знаю. Хозяина[1] бы не встретить неожиданно. Он тоже не будет по кустам ломиться, раз тропа есть.

Идти проще, если знаешь куда. А развиваться куда?

— Ты говорил, что освобождение от социума — вообще не задача?

— Да. *На фига* тебе освобождаться?

— Чтобы не быть рабом общества.

— А дальше?

— Расскажи что-нибудь про дальше.

— Могу, но это пример, а не путь. Путь ты сам выбирай.

— Знаю.

— Помнишь паука и твои руки с разных сторон?[2]

— Да, это я одновременно и спереди, и сзади него. И Духа местности помню, который одновременно и спереди, и сзади, и вокруг для меня.

— А **теперь подумай о существе, которое по линии времени сейчас и в твоем прошлом, и в твоем будущем.**

— Как это?

— Ты, например, встретил его вчера и встретишь завтра.

— Ну, я и сам был вчера и, наверное, буду завтра.

---

[1] Медведя.

[2] См. раздел «Снежный человек» в книге «Хохот Шамана» («Свобода Шамана»).

— Завтра ты будешь не такой, как вчера. А это существо — такое же, просто **оно больше тебя во времени и находится и сейчас, и вчера, и завтра от тебя.**

— Туда развиваться?

— Нет. Это один из многих примеров.

— Так что мне делать?

— Начни с того, что, **максимально отвлекшись от тела и общества, думай о том, кто (что) есть ты в этом состоянии – без телесных и социальных потребностей.**

– В какое время?

— В любое. Например, проснувшись, **подумай, кем ты был во сне и кого (что) ты «собираешь-воссоздаешь» по утрам**. Вспомнив днем, **подумай о том, кто (что) только что направлял(о) и контролировал(о) твою активность**. Импровизируй.

— Так **можно и проектировать себя на день**?

— Задающий вопрос...

— А что-то конкретное, чтоб не только в мышлении?

— Завтра расскажу про пару практик.

Глухари и Волки

Животные могут давать человеку неожиданные подсказки, не подозревая об этом. Говорят, что один из самых больших золотых приисков на Лене был открыт при разделке глухаря. Глухари (как и куры) глотают камешки для «перетирки» пищи в желудке. При разделке глухаря был обнаружен первый золотой самородок. А уж старатели проверили-промыли и токовища, и предполагаемые маршруты глухарей.

Глухаря не слишком уважают. Хорошо относятся — да, но без особого уважения. Как, наверное, к курице, только редкой и чистой.

А Ворона и Волка уважают. Для коренных малочисленных народов Севера (КМНС) Ворон и Волк — учителя. Существуют даже специальные танцы с Волком, Вороном,

Оленем и Человеком. Сейчас бы их назвали ритмичными ролевыми играми[1]. Современные ролевые игры усложнились, но потеряли ритм. А ведь **именно ритм определяет отметку «когда» действовать**. Танцы, напротив, слишком схематизировали или просто потеряли роли. Я думаю, что будущее и ролевых игр, и танцев в их объединении.

Побыв в таком танце Волком, многое о нем узнаешь. В другом танце — Вороном. «Животные» стили восточных единоборств когда-то начинались с аналогичных танцев. Потом что-то приобрелось, но многое и потерялось.

Собаку любят, но не так уважают. Впрочем, и Оленя тоже. Психологически, Собака, даже старая, — воспитанный щенок. Взрослое животное может жить самостоятельно (самостоятельность — критерий взрослости). Домашняя Собака не может. Она остановлена в развитии заботой Человека. Людям и не нужно, чтобы Собака была психологически взрослой. Взрослое животное не будет слепо подчиняться.

В схватке с Волком Собака будет драться за человека, потому что щенок не разбирается в жизни. И «взрослого» человека так же используют более взрослые люди, структуры и пр.

Некоторые Волки ночью ходят по городам. Умны и при встрече с психологически взрослым человеком маскируются под Собак. При других — не маскируются. Волки и другие хищники не разбираются в психологии и состояниях человека, не размышляют об этом, они знают.

---

[1] См. пункт «Ритуальные танцы как практика деловых игр прошлого» в Приложениях к книге «Хохот Шамана» («Свобода Шамана»).

Взрослый Волк обладает возможностями, не доступными большинству Собак, живущих в ограниченных квартирах-вольерах-дворах: Волк неутомим, он может загонять дичь, часами (!) мчась с большой скоростью; может загрызть зверя в десятки раз крупнее себя. У Волка самый большой из всех сухопутных животных охотничий участок — до 1000 км и больше при следовании за оленями; при случае Волк также берет рыбу (особенно в период хода лососевых), как и зверя; волчат кормит вся стая, отрыгивая пищу.

Иногда при волчьей охоте другой зверь сталкивается не с отдельным Волком, а со Стаей — волчьим надорганизмом, и тогда шансов у зверя мало. В стае Волки общаются телепатически. Им достаточно просто посмотреть друг на друга, чтобы понять, какой участок или тропу какому Волку нужно перекрыть при охоте, что собираются делать другие члены стаи и т.п. Также, если один Волк освоил какой-то новый прием охоты или поиска, остальные члены стаи осваивают этот способ очень быстро, даже не контактируя с первым. Изредка, по совершенно непонятной причине, Волки объединяются просто в чудовищные стаи (до нескольких сотен!). Биологически это совершенно необъяснимо, так как при всей мобильности Волка прокормиться в одном ареале такой стае невозможно. Возможно, волчий надорганизм просто «экспериментирует», пробуя новые формы организации сообщества. Однако Волку, несмотря на телепатические способности, уже очень трудно конкурировать с Человеком, заменяющим телепатию средствами связи, оснащенным оружием и все более сложными инструментами и машинами. Волк (или его надорганизм) пока не пошел по пути создания инструментария (набора средств), так как ему это было не нужно.

Волки есть везде — от Южной Африки до Заполярья. Полярные Волки — самые крупные, могут брать Бизона, а раньше Стаей брали и Мамонта. Крупного зверя они сначала «давят» психологически, не давая есть-спать-отдыхать, а потом — физически.

Летом Волк, бросившись со скалы в море, может превращаться в Косатку.

Еще про свободу

21.08.16

Проснулся и, не вставая, разглядываю нависающую надо мной гранитную скалу. Вообще-то так спать опасно — скалы тут постепенно крошатся, может «прилететь» гранитный обломок любого размера. Перепады температур, вода замерзает в трещинах, ветра-пурги, иногда большая волна бьет в берег так, что земля содрогается, спишь как на краю огромной регулярной наковальни. Но другой удобной площадки нет, усталость вечером берет свое и, возможно, русское: «А-а, сегодня, наверное, не прилетит». И так много лет.

Конечно, все осыпается. Острыми, еще не обкатанными волной камнями и глыбами все усыпано под скалами. То есть упали недавно.

Кое-где из трещин в скале торчат густыми пучками упрямые колымские травы и цветы: желтый курильский чай, прибрежная, стелющаяся от ветров разновидность ярко-сиреневого иван-чая, белая пастушья сумка, жесткий пырей и еще пяток темно-зеленых, прилегающих к скале из-за ветров разлапистых трав, названия которых не знаю. Повыше метров на пятьдесят–сто мохнатые уже серовато-седые к осени эдельвейсы. Красиво на суровом фоне серого неба и серого обветренного гранита.

Интересно, для цветов скала одна и та же сегодня и завтра? И есть ли у цветов сегодня и завтра? Может, у них есть только сейчас? В «только сейчас» они тотально счастливы или тотально несчастны при плохих условиях?

Шаман прикантовал пару принесенных штормами бревен так, что они дают защиту от промозглого ветра и костру, и человеку. Ставлю поперек этих бревен несколько бревнышек поменьше, увеличивая защищенную площадь, и подсаживаюсь к уже горячему чайнику рядом с Шаманом.

– Откуда ты вообще знаешь про практики выхода за личность? В обществе их же нет.

— Одна была по всей Земле в древности[1]. И сейчас сохранилась у эвелнов и других племен.

— Что это?

— В разные периоды жизни ты меняешь свой образ жизни и берешь себе, соответственно, новые имена.

— Меняешь паспорт, документы?

— Нет. Для эвелнов паспорт — формальность, ритуал, как для нас новогодняя маска. Зачем менять маску, если

---

[1] Как средство борьбы против тотального порабощения в рамках предыдущей цивилизации. Интересно, что при катастрофе предыдущей цивилизации уцелели именно сообщества, практикующие смену имен для борьбы с тотальным порабощением.

«детям» можно показывать ее все время, и им нужна именно эта: в гостинице, полицейскому, в аэропорту... А свои настоящие имена у них только для себя и близких. Если же ты не эвелн, то паспорт — инструмент порабощения обществом Скоро у формальных людей будет вживленный паспорт, чтобы лучше контролировались.

— Много раз эвелны меняют имена?

— Обычно 4—6 раз по возрастным периодам жизни или по продвижению. Шаманы, понятно, больше.

— Как человек узнает свои новые настоящие имена?

— Раньше в инициации. Сегодня во сне, в видении, иногда слышишь свое имя в шорохе листьев в лесу, или в шепоте травы, или в журчании реки на берегу. В крайнем случае попроси помощи у настоящего шамана[1]. Можешь в выбранном впечатляющем тебя месте сосредоточиться и спросить.

— Концентрированная медитация?

— *Хоть горшком назови.*

— Если паспорт для них лишь формальное прикрытие, то эвелны более свободны, чем современный городской человек?

— Задавший правильный вопрос... У них больше траекторий развития.

— И они считают нас отсталыми?

— В этом отношении — да. **Больше свободы от общества** (1). Их иногда смешит, насколько городской человек отождествляет свою сущность и социальные роли.

---

[1] В именах настоящих шаманов никогда не бывает и не может быть слова «шаман». Причины этого изложены в данном диалоге чуть ниже.

— Да, видел, как они с усмешкой переглядываются, когда кто-то с пафосом сообщает о своей «высокой-важной» должности.

— Для них это звучит как для нас что-то типа: «Я уже большей частью не человек, а робот для функции и этим горжусь».

— А какие еще степени свободы, кроме свободы от общества?

— Тебе пока нужно развивать еще две.

— Какие?

— **Свобода полного контроля над влечениями (2).**

— Волевое сдерживание.

— Не воздержание, а контроль. Не они тебя контролируют, а ты их.

— А третья?

— **Свободно управлять своим поведением (3).**

— Не оно тобой, а ты им?

(Шаман хмыкнул).

21.08.16

Как травы растут на скалах? Там почвы почти нет. Воды, понятно, достаточно в дождливом магаданском климате. Но только в стакане с водой травы быстро гибнут, не плодоносят. А тут зернышко заносит ветром в совсем небольшую скальную трещину. Оно пускает росток вверх и корешок вниз. Откуда питательные вещества? Травы торчат из всех подходящих трещин и, судя по высохшим стеблям, много-много лет. Может, они как-то крошат-растворяют-усваивают гранит? Это невозможно для трав, но они не думают о невозможности, просто практикуют свою жизнь.

— Как мне развиваться в сторону увеличения во времени?

— Зачем тебе это?

— Развиваться хочу.

— Почему именно туда?

— Здесь хоть какой-то пример. Других не знаю.

— Не спеши. Пока просто научись думать о таких существах.

— Зачем?

– Не будешь менять содержание мыслей – всегда останешься в этой форме.

– Я могу и так думать о своей другой форме. Например, представлять себя облаком и думать, как все это выглядит с его позиции.

— Тоже небесполезно. Но ты уже прошел этот шаг.

— Но думать о «больше во времени» почти невозможно.

— Не бойся.

— Что я могу о них думать? Да и зачем?

— Тьфу. *Или ничего не делай. Тогда ничего не будет.*

14.07.14

Человек должен есть. А чтобы было что есть, нужно работать на общество. Вот и вся свобода. Однако я уже получаю пенсию. Небольшую, конечно, всю жизнь в образовании, но на крупы-хлеб хватило бы. Наверное. Потому что она (пенсия) не успевает за инфляцией[1]. Потом что еще коммуналка, Интернет, одежда, здоровье… И родные-близкие, социальный стандарт, привычка питаться лучше, чем только крупы, и пр. И запасы бы хоть какие-нибудь организовать по российской привычке XX и предыдущих веков. Короче, все мои ровесники после шестидесяти работают. И я должен работать?

Вот Шаман. Гораздо старше меня, без пенсии, полностью безмятежен. Родственников его я не видел — не слышал, коммуналку платить не нужно. Социальные стандарты ему до лампочки, а здоровье и физическое, и психическое железное. Кажется, я мог бы жить, как Шаман, если бы не здоровье, зубы. Вот она, ближайшая цель — научиться здоровью и обеспечению едой.

— Ты не боишься голода?

— Нет.

— Рассчитываешь на свои запасы?

— На мир.

— Как это?

— На всю жизнь не запасешься. Стратегия запасов лишь вспомогательная. Основное — постоянное взаимодействие с миром, который дает и пищу, и жизнь.

— Ну, некоторые люди имеют денег на всю жизнь и больше.

— Не очень хорошо.

— Чем же плохо?

---

[1] Это запись 2014 года. В 2016 году наше правительство официально отказалось индексировать пенсию по инфляции.

— Сидящий на запасах доживает. Если жизнь не вынуждает крутиться, приспосабливаться, то остановка в развитии.

— Зато такой человек свободен в своем времени и выборе увлечений?

— Незаслуженная свобода высвобождает не только лучшие, но и худшие качества. Видел бесноватых детей чиновников-олигархов?

— Да. Чего это они?

— Они не могут не бесноваться.

— Почему?

— У других энергия и время уходят на решение проблем. А этим некуда девать. Так и в Древней Греции было, и везде.

— Они могли бы делать что-то полезное.

— Не могут. Не так воспитаны.

— Да ладно. По-твоему, вообще не нужно ни много денег, ни свободного времени.

— Нужны, если есть уровень развития и самодисциплина. Без этого не нужны или даже вредны.

— Человек может сам ставить задачи развития.

— Без постоянного взаимодействия для выживания лишь единицы могут. Остальное — имитация. Или агония.

— Какая агония?

— Агония рода. Становятся нежизнеспособны.

— Да они могут наплодить кучи детей.

— Не воспитаешь ребенка — он не твой.

— Но гены-то мои.

— И гены его изменятся к пубертату.

— Ты про телегонию?

— Сложнее. Про взаимодействие полевых структур.

— Но ребенок похож на отца.

— Только частично. По мере взросления все больше будет похож на приемных родителей.

— А в детдомах?

— Сказал же, на тех, кто оказывал влияние.

— То есть то, что Аристотель 12 лет воспитывал Александра Македонского?

— Правильно.

— Но они могут и родить, и сами воспитать?

— С не своей свободой — не смогут нормально.

— То есть излишние запасы родителей загоняют детей в агонию?

— Скорее свой род. Без дисциплины развития — да.

— Это как карма?

— *Как кухарма*[1]. Шутка в стиле Шамана относилась лишь к слову, а не к смыслу диалога.

27.07.16

Еще в прошлом году замечал, что Шаман стал меньше есть. Раньше мы ели примерно поровну. Этим летом различие стало явным. Шаман почти никогда не завтракает, редко обедает, а вечером съедает один-два кусочка рыбы с кашей и овощами-травами. Даже похудел. Внешне незаметно, но видно по неиспользуемым больше разношенным дыркам на его ремне.

---

[1] Это министерство культуры.

— Что происходит?

— Перехожу на увеличение доли космической энергии.

— Было какое-то явное изменение?

— Нет, стал систематически упражняться.

— Сдерживаешь чувство голода?

— В лагере[1] ел иногда меньше, чем сейчас. Все мы там удивлялись, сколько ненужной вкусной пищи съедается на гражданке.

— В лагере вынужденно. А сейчас как справляешься с чувством голода?

— Не голода, а аппетита. Просто не ем, если не голоден.

— В этом суть твоего перехода?

— Начальный этап. Нужны некоторая самодисциплина и бесстрашие.

— В чем бесстрашие?

— Представь, что вечером ты осознал вдруг, что уже два дня ничего не ел.

— Хорошо.

— Горожанин пугается, думает, что слабеет-болеет или вообще СПИД, нет нужных веществ в организме и еще что-нибудь. И кидается набивать желудок.

— Есть люди — специально голодают-очищаются.

— А если не специально, просто вдруг осознаешь, что чувства голода нет и пища тебе не нужна?

— Да, тут испугаешься за организм. И какова твоя цель?

---

[1] Шаман недолгое время был заключенным ГУЛАГа, бежал.

— Слышал про солнцеедов?

— На Севере? На северах *это вряд ли,* как ты говоришь.

— Космическая энергия везде.

— Можешь меня научить?

— Могу.

— **С чего начать?**

— **Начни регулярно думать об этом. И обязательно действуй в этом направлении.**

03.07.14

Свободен ли зверь? Их часто используют как символ свободы. Несущийся конь, парящий орел, одинокий волк, резвящийся медвежонок, рыба в океане... Наверное, в моменты, когда зверь резвится-несется или птица парит, у них ощущение, сходное с полной свободой. Но что определяет их жизнь?

Отсутствие размышлений о свободе? Это с нашей точки зрения. А они живут просто — поглощенные насущными потребностями. Мы даже этому завидуем иногда. Они кажутся себе свободными? Прирученное от рождения животное не хочет в лес, даже боится. И не страдает, и кажется себе свободным? Но мы-то можем видеть, что такой зверь живет неестественно. А сам зверь — нет. Может, так же и мы на своем уровне? Но в отличие от зверя мы можем иногда наблюдать за собой и своей жизнью и поразмышлять об этом.

— Свобода — то, что мы придумали?

— Свободен ли влюбленный?

— Кажется, нет. Он привязан к своей любви.

— А человек без любви?

— Кажется, свободнее.

— А у кого больше энергии?

— Почему?

— Любовь склеивает все, без нее Вселенная начнет разваливаться.

— То есть человек вообще без любви…

— Правильно, ненужный элемент.

— Вселенная его утилизирует?

— Задающий вопрос…

— Но как же монахи-отшельники, путешественники, лесники там, вообще без женщин?

— Некоторые все равно влюблены в женщин или очарованы природой, а продвинутые религиозные — во Вселенную и все, чем она представлена.

28.08.2016

Ночь. Сижу, смотрю на костер. Прохладно, ветерок: вязаные шапочка и перчатки, капюшон. Костер греет только спереди. Чтобы спине не было холодно, надеваю пустой длинный рюкзак с разгрузочными полосами и смягчающей подкладкой. Так, положив несколько веток в рюкзак, даже можно опереться спиной о холодную скалу. Под задницей у меня теплый, нагретый у костра плоский камень, который я периодически меняю на другой такой же: пока один отдает тепло, другой нагревается.

Из-за холода и ветерка комаров нет, и я устроился встречать рассвет довольно уютно. С часу до трех — самое темное время. Редкие звезды между угадываемыми в темном небе облаками, пламя костра, и темнота кругом. Только шум обрушивающихся на невидимый берег волн, рокот катаемых волной камней и потрескивание дров. Иногда — попискивание дров, когда пар из разбухшего от дождя нагретого полена начинает выходить в какую-нибудь щель.

В полчетвертого уже видны и силуэт ближней сопки, и белесые гребешки набегающих волн. Минут через двадцать «вдруг» замечаешь на фоне неба и силуэты больших деревьев на обрезе сопки, и полосу поднявшейся крутой волны. Все, темнота отступает.

Проснувшийся Шаман молча усаживается рядом. В плотном темно-зеленом брезентовом дождевике с капюшоном он похож в рассветных сумерках на темную неподвижную пирамиду. Сейчас говорить не нужно, и мы молча сидим **несколько часов в потоке** рассветной тишины.

Когда луч приподнявшегося из-за южной сопки краешка солнца осветил, наконец, вершинку зеленой брезентовой «пирамиды», вспененные волны уже переливаются сине-зеленным цветом, качая и выкидывая на камни принесенные вчерашним штормом бревна и коряги. Очарование рассвета проходит, и я начинаю разговор.

— Сколько не встречаю рассвет, силуэты деревьев всегда появляются вдруг. Никак не поймаю постепенность. Будто освещенность возрастает скачками

— Солнце поднимается плавно. Это образ в сознании осознается «вдруг».

— Да, всегда осознается как бы после того, как он там уже есть[1].

---

[1] Подробнее см. в статье «Деятельностная теория сознания», Приложение 4.

— Может, он там уже и был?

— Шутишь? Ночью это был бы образ будущего.

— В каждой шутке...[1] Учись иногда видеть образ будущего.

— Как это делать?

— Пытайся, на простых образах. Например, это же дерево.

— Это не будет просто воображением или галлюцинацией?

— Всегда можешь сверить образ с реальностью через час-два. И так постепенно отсевать галлюцинации.

— Ты так можешь?

— Немножко.

— И про меня?

— Немножко.

— Страшно с тобой.

— Пятый раз это слышу. Если страшно, *тогда ничего не делай, и ничего не будет.*

— Страх ограничивает направления развития?

— Страх забирает свободу.

— То есть настоящая свобода в возможности развиваться?

Шаман кивнул.

---

[1] ...есть доля шутки. В разговоре мы не договариваем фраз, известных обоим. И так понятно.

Старый «опытный»

1998

Удивил и поэтому запомнился один магаданский «кофейный» разговор, несколько усложнивший в то время мои представления о бывших заключенных. Зато я лучше стал понимать психологию «сломанного» человека периода репрессий.

Один бывший сиделец, кажется, конца 40-х, по политической[1] (так он говорил), рассказал с некоторой житейской гордостью такую историю.

В середине 70-х он, работая научным сотрудником Института биологических проблем Севера в Магадане, проявил себя интересными и новыми тогда результатами. В итоге получил финансирование (сейчас это бы назвали прави-

---

[1] Знаменитая 58 статья. Не прототип Шамана, скорее его антипод.

тельственным грантом) на исследования по проблемам физиологии коренных малочисленных народов Севера (КМНС). Скоро к нему подошли люди, связанные с облисполкомом[1], намекавшие на то, что нужно бы поделиться (сегодня это называется «откат»).

— И что вы сделали?

— Ну, я же старый опытный зэк... Я сказал: «А забирайте всю программу вместе со всем финансированием».

— То есть вам эта тема была вообще никак неинтересна?

— Нет, тема интересная.

— И что?

— И все. И я ни при чем, ни во что не замешан, мне ничего не предъявишь *(с гордостью).*

Не хочу и не вправе никого осуждать. Мне кажется, что люди, отсидевшие за свои убеждения и сохранившие их, так бы себя не вели.

Но рассказывают и пишут, что много людей сидели просто за неосторожно сказанные слова, пьяную болтовню и анекдоты. Что же происходит с человеком, который за то, во что сам не слишком верит, просто потрепавшись, проходит через 10 лет лагерей, все эти годы упрекая сам себя за болтливость?

---

[1] Исполком — исполнительный комитет. Так тогда назывались администрации.

Воля, смысл, действие

23.06.2016

После жизни в пригороде Ярославля (начало 2000-х) Шаман привез семена и занимается огородничеством. Колыма — не Ярославль с длинным летом. Первые посадки Шаман начинает в проталинах на солнечных склонах числа 10-го мая, постепенно увеличивая их. Нередко бывает, что в районе 25 мая или 10 июня все всходы безвозвратно гибнут от ночных заморозков. Шаман не слишком расстраивается и с каким-то отстраненно-фатальным упорством начинает снова и снова.

В 2012-м Шаман отсеялся после заморозков третий раз (!) 16 июня и все равно получил свой отменный урожай. Еще он из года в год увеличивает количество своих разбросанных по редким подходящим местам небольших солнечных участков, которые, кроме обычной обработки, требуют невысокой каменной стенки для защиты от господствующих в вегетативный период ветров (стенки тоже постепенно увеличиваются). Впрочем, большая часть стенок состоит из камней, вынутых из почвы самих же участков.

— Много ты собираешься обрабатывать земли?

— Сотки три в сумме[1].

— Почему три?

— Не хочу тратить больше часа-двух в день.

— Наверное, нужна железная воля для такого экстремального земледелия?

— Вопрос момента.

— Не понял.

— Я каждый день берусь в нужный момент.

— А какой именно нужный?

— Когда захочу.

— Но я могу сегодня не захотеть вообще.

— Тогда не берусь. Это редко. Нужные моменты бывают почти каждый день.

— А потом же продолжать работать. Все равно нужны волевые усилия.

— **Волевое усилие – не пролениться в нужный момент.** Сделаешь это — дело пойдет час-два легко.

17.06.2016

Сегодня нужный момент наступил у Шамана в конце дня. В белые ночи конец дня определяется циферблатом. Моросит. Смотрю из хижины: Шаман босиком и голый по

[1] Несколько маленьких, пригодных для земледелия участков.

пояс, что-то перекапывает или окучивает, блестит под дождиком. Примерно плюс семь, ветер. Ну, почему он не мерзнет, я сам знаю — нужно просто двигаться. Не лихорадочно, а расчетливо, чтобы движения хватило на нужное время. А вот насчет воли... Мне, например, не хочется не то что под дождем копаться, а от печки отходить. Дождавшись, когда Шаман оденется и присядет к чайнику под навесом, продолжил расспросы.

— Насчет воли. Помнишь, вчера говорили.

— Да.

— Ты все дела начинаешь в нужный момент?

— В основном.

— Тогда все же ты очень волевой человек.

— Дело привычки.

— Привычки ловить моменты?

— И, главное, начинать в эти моменты действовать.

— А бывает, что когда работаешь в огороде, хочется заняться чем-то другим?

— Бывает.

— Сразу переключаешься?

— Иногда.

— Когда иногда?

— Когда решаю, что это разумно.

— Пропускаешь моменты?

— Ловить моменты — малая часть. Нужно уметь ими управлять.

— Как?

— Волевое усилие не нужно все время. Начнешь, вработаешься, а потом некоторое время работа сама идет.

— Долго?

— Через определенный период опять — волевое усилие — врабатывание — сама идет.

— Какой период?

— Это уже зависит от человека и от того, что делаешь. Например, чтобы копать три часа, нужно не все три часа напрягать волю, а всего три коротких усилия для врабатывания.

28.06.2016

Наблюдаю за бурундуком. У него трудное время. Запасы съедены еще, наверное, в начале июня или даже в мае. А новой еды пока очень-очень мало.

У колымской растительности бешеная энергетика. В конце мая тепло (не для Москвы, конечно) только начинается, а в начале сентября — все. Не каждый год, но нужно быть готовым — упадет снег, встанут морозы. Потеплеет, не потеплеет еще разик-другой? Растению будет уже все равно. Нужно за два с половиной месяца вырастить листья, процвести и дать плоды-семена. Кто-то, одуванчики, например, успевают даже дважды.

Но к концу июня... Бурундук неутомимо осматривает травы. Семенные коробочки — зеленые еще, колоски пырея — не созрели еще, отросток какой травы погрызть — невкусно и непитательно. Но упорный зверек не отчаивается, не нервничает, продолжает поиски. Прямо как Шаман. Только движет им не воля, а потребность, желание найти еду. Ба! И Шаман «ловит» желание. Как бурундук, только желания разнообразнее.

Упорное наблюдение позволяет описывать и бурундука, и Шамана. Правда, нужно помнить, что и Шаман, в свою очередь, с юмором наблюдает за моим наблюдением. Без чувства юмора о таких вещах лучше не думать. Тем не менее: Шаман занимается огородничеством не из-за еды. Жил же до этого очень много лет без огорода.

— Зачем вообще огородничаешь?

— Практика новая. И энергетика нравится[1].

— Долго эта практика будет новой?

— Не знаю. Как почувствую.

— Потом займешься другой практикой?

— Если эта энергетика будет не нужна.

— А пока нужна?

— Нравится.

— То есть это не совсем волевой процесс?

— Пойми, просто работать в огороде — трудно было бы. **Нужно больше смыслов.**

— Как это — больше смыслов?

— Например, я не только огородничаю, еще улучшаю энергетическое тело.

— Общее с участком и растениями?

— Ты сам знаешь.

— То есть, чтобы начать трудное для тебя дело, нужно увеличить смысл?

---

[1] Земледелец со своим участком и иногда растениями выращивает общее энергетическое тело. Приводя в порядок участок, он приводит в порядок свою энергетику. Подробнее см. в разделе «Энергетика Земледельца» в книге «Свобода Шамана», издания 2010–2016 гг.

— **Не всегда этот же, чаще увеличить количество смыслов, расширить смыслы.** А без смысла будет уж совсем волевой процесс — когда совсем не нравится.

— Но и такие нужны. Как же приучать ребенка, не знаю, зубы там чистить, игрушки за собой собирать, посуду мыть? Некоторых детей — приучать учиться.

— В том-то и отличие человека от бурундука, что мы можем быть совсем волевыми для будущего.

— Мысли читаешь?

— Наблюдаю.

(Смеемся вместе. Только я немного огорошенно.)

28.06.2016

По ночам довольно холодно. Растапливаю печку. Сначала выгребаю золу и угольки в специальную емкость. Раньше Шаман оставлял себе немного золы на всякие мази-смеси. Топим плавником и сушняком, без малейшей химии. В городах-селах такой золы, наверное, не найти[1]. Теперь всю золу не выкидываем, Шаман вкапывает ее в свои полянки — огородики.

Раздуваю огонек, привычно глотаю немного дыма, щурю глаза. Вот зачем я здесь дым глотаю, комаров кормлю, собираю, колю-пилю дрова, воду таскаю?.. Нормальные люди сейчас ТВ смотрят или в Сети сидят в благоустроенных квартирах с горячей водой. Или млеют рядом с отмы-

---

[1] Видел в пригороде, как компания автомобильных взрослых с детьми жарила шашлыки на крашеных (!) досках. Не удивлюсь, если они бензином или еще какой химией разжигали.

то-ухоженной теплой женщиной. Шутки шутками, а серьезно — зачем?

Завтра пойду в Магадан. Душ, чистые простыни, отношения, друзья, Сеть, вкусняшки… Правда, потом опять приду сюда или еще в какое-нибудь красиво-глухое место. И таких миллионы. Зачем?!!!

Энергетика? Не только. А Шаман вообще живет так годами, всю зиму человека не видит. С точки зрения современной науки он трудно объясним. Потому что считается, что человек нуждается в общении, не может жить без общества. Но полных отшельников на Земле тысячи, а может, и десятки тысяч.

— С утра в город пойду.

— Угум. *(Звук не совсем такой, Шаман скорее гукает, не открывая рта.)*

— Женщины.

— Угум.

— Как тут живешь годами без женщин?!

— На войне научился.

— Я вообще-то служил в Советской армии. Два года с макаронкой[1] в казарме. Так главная тема всех разговоров — женщины.

— Понятно. И как справлялись?

— Чего только не было в роте. Побеги в город и там с кем угодно, онанизм.

— И мужеложство?

---

[1] «Макаронка» — очень длинные дни, когда ты отслужил по закону уже ровно два года, а приказа о демобилизации все нет.

— Может, и было. Но они если были, то очень умело скрывались. Времена те.

— А ты?

— В город.

— Старые женщины, гулящие девчонки?

— Всякие. А что ты хочешь в 21 год, полный спермоинтоксикоз мозга. Хотя... тогда сорокалетние старыми казались, а сейчас на седьмом десятке — молодежь. *(Смеемся вместе.)*

— Да, в том возрасте и месте у вас не было другой возможности.

— Какой?

— **Долго жить без женщин.**

— **А как это возможно?**

— **Не говорить и, главное, не думать о них.**

— В казарме на 150 человек? Да и ТВ. Хотя тогда только аэробика в закрытых купальниках была.

— Я и говорю, невозможно было.

— И в лесу долго невозможно.

— Возможно, если управляешь мыслями.

— Мысли сами приходят. А через неделю-две только эти мысли и есть.

— Приходят — отсылаешь.

— Дисциплина мысли? В армии этому не учили. Наоборот, все разговоры...

— Этим и отличается волевой человек. И, кстати, светлый от темного.

— Мыслями?

— **Мысленным промыслом.**

— Сейчас только включи ТВ или соцсеть, весь эфир и вся лента забиты фото и клипами о сексе. И герои фильмов сейчас только об этом.

— Не включай.

— Ну, ТВ можно, а как без Сети? Все связи теперь там.

— Значит, сегодня не думать о сексе заданный себе период — одно из волевых упражнений.

28.06. 2016

Нравится смотреть на огонь. Даже через приоткрытую дверь печки. Костер, конечно, лучше. Но ветром косой дождь и под навес заносит. Мысленный промысел влияет на... Лучше пока не думать, просто на огонь смотреть. А то придумаешь что-нибудь.

— А физиология как? Дисфункция от неупотребления и все прочее.

— Не можешь регулировать тело силой мысли — живи как обычный человек.

— Во что сливается общий промысел семи миллиардов?

— В нашу жизнь.

— То есть влияние моего промысла — одна семимиллиардная?

— Не совсем. Мысли редко бывают одиночными. Они всегда в системе с другими твоими же. Поэтому **твои мысли сильнее всего влияют именно на твою жизнь, дело, родню, село, страну и так далее.**

29.06.2016

Белая ночь, белые сумерки всю ночь. Три часа ночи — белым-серо. Серо из-за мороси и тумана. Ближние скалы метрах в двадцати видно, а более далекие уже нет. «А ведь они есть». Ты можешь сколько-то о них не думать, но пойдешь за водой, дровами или рыбу ловить — вот они. Так же и мысли. Отгоняй — не отгоняй, все равно получишь *много.* Конечно, монашеские практики мышления позволяют долго отгонять. Но и самые известные в этом деле монахи тем и известны, что искушения у них были сильны. Сколько можно отгонять «ненужные» мысли? И зачем?

Шаман в белые ночи спит мало. Где-то через часик проснется. Дождусь.

— Чайник горячий.

— Не спал?

— Да, думал о волевом управлении мыслями.

— Управляй — не управляй... *(Чуть усмехнулись оба.)*

— Вот именно. Мысли же все равно есть. Ты их отгоняешь, а они только усиливаются.

— Э-э, брат...[1]

— Так разъяснил бы.

— Так мысли не отгоняются. Так их только усиливаешь.

— А как надо?

— Перейди в другой поток[2].

— Какой другой?

---

[1] Стандартная фраза Шамана: «Э-э, брат, главного-то ты не понял». Но он давно уже в нашем общении говорит лишь начало фразы.

[2] Поток мыслей, поток сознания.

— Лучше более высокий.

— Так дело не волевых усилиях, а в другом потоке?

— Само по себе волевое усилие... Нужно правильно направить, управлять им. И первое время удерживаться в новом потоке.

— Но «в потоке» ты не свободен.

— Ты всегда в каком-нибудь потоке. Выбирай их свободно.

— Ну, не всегда. Например, медитация на белый ум-пространство.

— Это — тоже поток. Только в таком потоке сможешь ли действовать?

29.06.16

По пути в город рассматриваю медвежий след. Только что здесь прошел, чуть по тропе и ушел в кусты. Моросит, но след четкий с острыми краями не только в грязи, но и на дне мелкого широкого ручейка. Минута-две. Наверняка слышал меня, слух-то отменный, и, может быть, наблюдает. Неприятно, но делать нечего. Вздохнув, продолжаю путь, напряженно вслушиваясь и всматриваясь.

Конечно, нормальный зверь должен сторониться человека, но медведь — непредсказуемое поведение. Минут через двадцать напряжение отпустило, хотя и нет оснований — вполне мог пойти за мной. Стараюсь не строить негативных мысленных сценариев.

— Почему не боишься медведей?

— Ко мне не подойдут. Хоть тут стаи их будут.

— Как это делаешь?

— Особое состояние. Подумай, писать ли об этом. А то начитаются, навоображают у себя такое состояние…

— Подумаю. Что за состояние?

— Словами не описать. В этом состоянии мир устроен так, что им в голову не придет подойти ко мне.

— Побоятся?

— Не это. **Просто мы не равны.** Это вообще не их мир, не их территория.

— Чувствуешь себя сильнее?

— Сильнее — не то. Сильнее, схватка — это ближе к их миру. В моем мире этого в принципе быть не может.

— А в его мире человек — просто еда.

(Шаман не реагировал на иронию. Я знаю теперь почему: когда он пытается объяснить мысль, ему просто «некогда и лень» отвлекаться на это.)

— Почувствуешь себя едой — попадешь в его мир.

— Но как он попадает при встрече в нужный тебе мир?

— О, мыслишь в ту сторону. Просто моя воля сильнее.

29.06.2016

Перед спуском на Тихую-Березовую мы с другом выложили большой каменный крест. Его теперь в Google map можно найти на спутниковой карте. Сначала крест был небольшим, но годами, проходя мимо, мы останавливались на час-другой, увеличивая его. Крест постепенно разрастался, даже тропа сделала небольшую дугу по ровному месту, чтобы огибать его. Теперь крест вписался в местность, в камнях поселились бурундуки, края стали обрастать кустиками кедрового стланика. Он также вошел в местный фольклор, стал местом для фотографирования, появились мифы о его происхождении[1], и проходящие мимо путники несут к нему камни и кладут сверху или рядом, загадывая желание и увеличивая сам крест. Нужно только раз в год приходить, подравнивать.

Короче, реальность этого места чуть изменилась. Надеюсь, только в сторону большей интересности. Мы с другом всего этого не предполагали и уж тем более не проектировали, начиная выкладывать крест. Но теперь я часто думаю на этом примере **об изменяющем мир эффекте длительных (годами) неторопливых направленных действий**.

— Чужая сильная воля может мне навязать свой мир, свои правила?

— Так и бывает. Только чаще неосознанно.

— Прости простого. Я правильно понял, что **чья воля сильнее, того и реальность?**

— Да.

— И коллективная воля…

— Да.

— И ничем это не изменить?

— Смысл.

— Что 90?[2]

---

[1] Например, мне (!) рассказывали, что сюда приходили 70 (!) мормонов (есть ли столько в Магадане, почему 70?), провели какой-то ритуал и две недели (!) выкладывали этот крест.

[2] По аналогии с анекдотом:

Чапаев и Петька в кабине пилота. Чапаев:

— Петька, курс.

— 90.

— Что 90?

— А что курс?

Мы так давно пользуемся в своих разговорах фразой: «Что 90?», вместо «поясни», что уже и не улыбаемся.

— **Смысл выводит тебя за пределы ситуации и помогает создать намерение и проект**[1].

— По Кастанеде?

— Что 90?

— У Карлоса Кастанеды намерение изменяет мир. Но это могут только продвинутые. У него это Воины и Человеки Знания.

— *Тьфу. Я ему про лес, а он мне про дрова.* Откуда, по-твоему, может взяться намерение? Твое собственное намерение, а не Кастанеды или Дона Гонд...а[2].

— Из смысла?

— *Именно,* из твоего собственного смысла! У кого выше смыслы или даже просто больше, тот сильнее в волевой составляющей.

— Почему?

— **Твой смысл затягивает ситуацию в твою [паутину смыслов].**

— Откуда берется эта паутина?

— Ты ткешь ее своими действиями[3].

---

[1] Если бы здесь Шаман сказал «напряженность», я бы подумал, что он «шпарит» по К. Левину (психологическая теория поля). Тексты К. Левина я читал, но не в таком контексте.

[2] Прошу прощения у почитателей текстов К. Кастанеды. Это выражение одного из прототипов Шамана. И я никак не мог его пропустить в силу уважения к народному словотворчеству. Я почти уверен, что сам Дон Хуан (с моим полным уважением) понял бы сразу, что это не к личности, а к игре слов, и смеялся бы не меньше меня.

[3] В книге «Хохот Шамана» мы с ним говорили о том, что человек строит свой мир своими действиями. Но не говорили об основе действий (смыслах и целях).

— Не нравится мне это слово «паутина». Получается, человек как паук.

— Да *хоть горшком назови.* Это просто образ, чтобы донести тебе мысль.

— Смысл быстро не простроишь.

— Если нужно быстро повлиять на ситуацию, можно попробовать каким-нибудь действием в нужную тебе сторону. Действием ты изменяешь реальность.

— **В этом суть шаманства?**

— Один из аспектов.

17.07.13

Обвалилась часть скалы. Резкие, еще не обточенные ветрами и дождями фрагменты оставшейся части делают ее похожей на профиль эвелнского воина.

При сосредоточении на этой скале[4] я часто «видел» воина-эвелна, не только профиль, а всего — в унтах и ловко подогнанной кухлянке, с копьем, щитом, большим луком за спиной...

Вспомнил про Микеланджело. Великий скульптор говорил, что просто отсекает от глыбы мрамора лишнее. Скульптура уже есть в глыбе. Микеланджело видел ее и выявлял для остальных.

— Другой человек мог увидеть другую скульптуру?

— Да.

— И другая скульптура тоже уже в глыбе?

— Конечно.

---

[4] Тема сосредоточения: спокойствие и неподвижность гранитных массивов.

— Как из многих возможностей проявляется одна?

— Твоими мыслями и действиями.

— Действиями понятно. А мыслями как?

— Отчасти утеряно, раньше любой охотник мог.

— Как?

— Оружие было хуже: стрелы, дротики... Подранив животное, охотник начинал преследование, и в это время (*нет подходящего термина*) его Дух вступал в борьбу с Духом животного. Если побеждал Дух охотника, животное сопротивлялось все более вяло...

— Поэтому охотник, убивая, просил прощения?

— Конечно. Дух животного еще не раз вернется. Охота из необходимости выжить будет прощена, это понятно Духу животного. А вот охота из развлечения...

— Дух во всем?

— *Ты уже понял.*

— Нет, действительно нет. Ведь тогда в глыбе мрамора были и Духи других возможных скульптур?

— Говорю же, что нет термина. Были не Духи, а возможности формы. А Дух бывает в разных формах.

— Как выбирается проявленная форма?

— Мыслью, лучше сказать — промыслом, и действием.

— **Но мысль, кажется, не материальна.**

— Ты можешь фигурку медведя вылепить из глины, вырезать из клыка мамонта или из дерева, вылить из металла. Материальность не имеет значения, главное — мысль.

17.07.2014

В юности запомнилось четверостишие М. Кульчицкого:

Славлю Котовского разум,
Который за час до казни
Тело свое граненое
Японской гимнастикой мучил.

Сам стих не об этом, о чем-то менее важном (сейчас, через 45 лет, уже и не помню, о чем). Но четверостишие запомнилось и не раз помогало в трудных и даже критических ситуациях. Просто начинал **действовать по направлению к своей цели**, не рассчитывая, не думая о результате. И уже только под 60 описал научное обоснование этого[1].

Как рассказывала **учительница истории,** Котовского вывели на казнь и только там объявили о помиловании (каторга).

Возможно, безмятежность и неуклонность Шамана обусловлены тем, что он ведет себя так всегда.

— А если бы он не делал гимнастику?

— Тогда, возможно, не было бы помилования.

— Ну, указ о помиловании, наверное, был подписан еще до начала гимнастики.

— Неизвестно. Твои действия структурируют твое прошлое так, чтобы к решающему моменту все в твоем мире было последовательно. Как и во сне.

— Но как он понял, что именно делать?

— Он делал это вовсе не с целью отменить казнь.

— А зачем?

---

[1] См. здесь в Приложении 4 статью «Деятельностная теория сознания».

— Он накапливал действия своего проекта. Возможно, не до конца осознанного.

— Какой проект? Через час повесят! При чем здесь проект?

(Две-три секунды мы с Шаманом смотрели в глаза друг другу, потом я продолжил разговор.)

— Ты что хочешь сказать? Что проект продолжится в следующей жизни? Да откуда Котовский мог это знать в начале прошлого века?

— Он и не знал, чувствовал.

— Чувствовал, что переродится?

— Нет, *это вряд ли.* Он, наверное, посчитал бы учение о перевоплощениях ересью. Он чувствовал, что его активность, действия имеют значение.

— Ну какое значение?

— А это, дяденька, в связи с целью урока, несущественно[1]. *(Шаман, расхохотался.)*

— Но мне очень существенно!

(Шаман прекратил смеяться и серьезно посмотрел на меня.)

— Я думал, ты знаешь.

— Что знаю?

— Ты так себя ведешь ... Ну ладно. Сильные тенденции активности пытаются сохранить подходящие

---

[1] Я сам рассказывал Шаману про урок по методике В. В. Давыдова. Школьники оживленно обсуждали задачу, стараясь найти принцип и алгоритм решения всего класса подобных задач. Когда принцип был найден, один из членов комиссии вопросил: «А какой же конкретный ответ задачи?» На что двенадцатилетний ученик, глядя снизу, снисходительно ответил: «А это дяденька, в связи с целью урока несущественно».

или находят все новые тела и инструменты для действования.

— То есть в следующем воплощении…

— Продолжай, ты знаешь! Не бойся.

— …он продолжит эту тенденцию?

(Шаман кивнул.)

— Он, или она, или оно. И, наверное, не только эту.

— То есть не обязательно человеком?

— Да.

— А в этом новом теле помнит предыдущее?

— *Это вряд ли.* Нужны специальные практики.

— Но тенденции активности…

— Большинству из них все равно. Только если это нужно для продолжения.

Подарки Льда

31.12.2014–01.01.2015

Лунная примета

Идем по льду примерно в километре-полутора от берега к месту встречи Нового года. У берега лед торосится из-за приливов-отливов, а чем дальше, тем ровнее. Правда, далеко от берега есть риск отрыва льда, но, конечно, не в середине зимы в закрытой бухте Нагаева[1].

Луна освещает серый лед и бело-серые с черными штрихами деревьев силуэты сопок. Изредка вижу, как в береговых торосах светится серебром накопленный лунный свет. Красиво. Почему в одних местах торосы

[1] Длина бухты Нагаева более 20 км.

светятся странным неземным цветом, а в других нет? Запоминаю изгибы сопок, чтобы по свету получше рассмотреть эти места.

Днем иду назад специально поближе к берегу, чтобы рассмотреть светящиеся лунными ночами торосы. Разгадка проста. В этих местах в море впадают ручьи, и именно пресный прозрачный лед играет светом с луной.

Это и новая примета, о которой я раньше не слышал. Конечно, в южных районах страны такая примета не нужна. Но если случится лунной ночью выходить с моря по льду на замерзшее побережье (таких у нас десятки тысяч километров), то для выхода сразу к пресной воде идти нужно на места накопленного лунного света. Это тем более ценно, что часто километрами побережья стоят крутые обрывистые обледенелые скалы, а ручьи текут (пробивают дорогу) по более пологим распадкам.

31.03.2013

По льду, по льду вдоль берега. По льду снег выдувает, особо не проваливаешься, можно не таскать снегоступы или лыжи. Морозно, градусов тридцать. Зато солнце и ветра почти нет. Ледяное поле с наметенным поземкой снежным покровом сантиметр-два толщиной. Идти не мешает, напротив — обеспечивает хорошее сцепление, не скользишь. Ритмичный хруст снега, огромная ровная площадь — теряешь ощущение времени, и тебя просто часами «несет» как самолет мимо проносящихся назад белых береговых сопок.

Часа через два город с его проблемами скрылся за поворотами бухты и памяти. Напротив ручья, метрах в 50 от берега замечаю прозрачный, с сине-голубым отливом огромный ледяной кристалл. Идеальный куб из пресной воды. В морской воде много примесей, взвесей и живности, лед из нее непрозрачен. А вот отфильтрованная торфами и горной толщей вода из ручья по замерзшему зимой руслу — почти дистиллят[1]. Вода замерзает, и новая натекает поверх льда, застывает в отливных трещинах. Прилив сдвигает километровые ледяные пласты и выдавливает вверх чистый пресный лед. Много разных форм, но такую красивую и правильную вижу впервые. Обхожу вокруг — безупречно.

Вот это повезло! Любой прозрачный кристалл правильной формы приводит человека в сосредоточенно-спокойное состояние. Именно поэтому раньше так ценились алмазы-бриллианты. В магазинах эзотерики люди покупают пирамидки и кубики из оргстекла и медитируют на них. Иногда можно купить из горного хрусталя — маленькие и дорогие. Но все они по несколько сантиметров. А тут сверкающий солнечными лучами естественный огромный кристалл с чистой энергетикой. Ребро с метр или больше! Представьте хотя бы образ!

В своем времени он неподвижен, безупречен и вечен. Какое-то время еще беспокоюсь, как бы не застыть на моро-

---

[1] Думаю, что на верхних плато в огромных торфяниках идут какие-то процессы, вода стекает даже в самые лютые морозы. Наверное, она около нуля, но, по контрасту после морозного воздуха ощущается ладонью в первые секунды даже тепловатой.

зе. Но быстро прогоняю эти мысли. Хоть пять минут, а проникнусь этой правильно-безупречной кристальной энергетикой. Выбираю место, усаживаюсь на рюкзак и застываю-сливаюсь с уникальным огромным кристаллом.

Через некоторое время встаю сосредоточенный и выправленный, как безупречный кристалл, и иду в сторону города. В это воскресенье уже ничего более содержательного и ценного произойти не может.

Конечно, «пойманное» у кристалла состояние довольно быстро «расплескалось» делами, проблемами и суетливым общением. Но я помню тот день, бесконечное ледяное поле, неподвижные белые сопки побережья, бело-голубое без облачка морозное небо, солнце, сверкающий огромный кристалл и его кристальное вечное спокойствие.

Без даты

Лед — огромная кристаллическая структура, в которой идут процессы, несколько аналогичные нашим мыслительным. Лед — миллионы квадратных километров полярных шапок, морских полей и горных ледников. Лед сохраняет связи через воду (особенно через «ледовую» «густую» воду — ледовый гель[1]).

---

[1] Не встречал нигде этого описания, опишу сам: морская вода из-за солей и других примесей замерзает не при нуле, а при минус полутора-трех градусах по шкале Цельсия. Когда весной льдины тают, вокруг них образуются слои воды минусовой температуры. Эта вода имеет густую вязкую консистенцию. Опыт купания-плавания в такой воде очень необычен.

Как-то Лед сообщил мне[1] во сне, что он конкурирует на Земле с другими кристаллическими каменными и песчаными структурами, которые [из враждебности ко льду] нагревают воду (планету). Но он умеет через воду передавать информацию и транслировать себя в будущее. Будут еще на Земле оледенения.

[1] См. также раздел «Голос Льда» в книге «Хохот Шамана» («Свобода Шамана»).

Вершина пирамиды власти

01. 01. 2014

Недалеко от студенческой[1] стоянки есть место, которое называется «Пирамиды». Это склон сопки из огромных каменных плит-блоков, толщиной метров три-пять, длиной до 30 и шириной метров 7—10. Некоторые сохранились настолько ровными, что на солнце блестят и в берцах скользишь. Первый вопрос у смотрящих фото: «Кто сделал стяжку?» Вверху плиты уходят в склон сопки (считается, что землю и каменные глыбы нагородило ледником), внизу — в дно приливной полосы.

Медитирую при помощи снимков пирамид одним из самых простых способов: формулирую вопрос, концентрируясь на нем и на неподвижности.

[1] Раз в год ходим туда в традиционный «поход выпускников».

Фрагмент:

— На многих пирамидах нет вершины. Почему?

— Потому что вершина пирамиды нематериальна. Подразумевается как духовная.

Обсуждаю это с Шаманом:

— Многие чиновники считают себя или боссов вершиной пирамиды, не признают или стараются не думать о духовной власти.

— Духовная — не власть.

— А что?

— Проект.

— Ну, без разницы. Стараются не думать о духовном проекте. Что им будет — ад?

— Хуже.

— Что может быть хуже?

— Просто будут выкинуты из проекта как ненужные, несоответствующие.

— А им-то что?

— Им ничего. Просто не будет вообще.

— Ну, это их не пугает, они и так ни во что не верят.

— Ни во что не верящих нет. Информация дается каждому — у всех были случаи. И человек сам выбирает, думать об этом или постараться забыть.

— Необычное было, конечно, у всех. Но не всем же приходит в голову думать о последствиях даже обычного поведения.

— Каждый знает, что какая-то его часть могла бы жить вечно. И эти знают, но уже боятся думать об этом.

— То есть они не вечны?

— Нарушили не юридические законы, а космоса. Естественно, что космос от таких избавляется.

— Что такого страшного они делают?

— Мешают развитию многих.

— Как?

— Порабощая через условия тела и души.

— Так это же любая власть.

— Власть – сложная и страшная ответственность. Если используешь власть без любви и пытаешься ограничить развитие других и космоса ...

— Как это делать правильно?

— Следовать только самым высшим тенденциям души.

— Забьют сразу.

— А голова на что? И это ситуативно. Дух все оценит по-настоящему.

Магадан 1

В этом городе я был два раза. Наверное, он назывался по-другому. Но по географическому положению и времени я назвал его «Магадан 1». Почти рядом с нашим современным (Магаданом 2), в бухте Нагаева между Каменным и Чирикова[1]. Ближе к Чирикова.

Нужен большой летний отлив. Зимой все под многометровым слоем льда. В магаданских газетах, например, печатают: полная вода — 4,6 м; малая вода — 1,1. И время полной и малой. Самая малая — 0,0. Это значит, что вода в такой отлив уходит по вертикали на 4,6 метра (4,6—0,0). Но это редко бывает, раз за лето. Обычно самые-самые малые отливы — 0,1—0,2. Если вода уйдет по вертикали хотя бы на

---

[1] Каменный Венец — видная еще из города сопка на берегу бухты с каменной короной. Чирикова — местное разговорное обозначение мыса Чирикова и маяка на нем. Выход из бухты Нагаева.

3,5—4 метра, то по горизонтали (полосе отлива) — обычно от 3 до 100 и более метров, где берег пологий. Лишь у почти вертикальных скал вода плещется на прежнем месте, просто соответственно уменьшается глубина

По полосе отлива идти хорошо. Ни трав, ни кустов, почти нет ям и перепадов. Весной сотни тысяч или миллионы тонн льда сползающих-наползающих с приливами-отливами все более-менее выравнивают. Только ракушки под сапогами скрипят да иногда приходится попрыгать по камням со скользкими водорослями. В мелких местах, где вода уходит от берега на сотни метров, в лужах разного размера и между камнями много тонн всякой живности, морской капусты и прочей органики. 99,99% все съедобно, но вкус на любителя.

В глубоких местах, где скалы уходят в воду на глубину, большую, чем 4,6 м, приходится подниматься по берегу, иногда довольно высоко, и перелезать такие «прижимы». Прижимов не так уж и много, тем более что часть скал, раздевшись, можно обойти по воде. Купаются здесь и летом только «моржи», остальные в жаркие дни окунаются на несколько секунд. Но прикинув, сколько займет времени и доставит трудностей «перелаз» поверху, можешь и прошлепать в воде метров 30—50 в неглубоком месте мимо прижимной скалы. Холодная вода жмет (такое ощущение), как тисками, и уже с середины такого «прошлепа» назад пути нет[1], только вперед нестись, и побыстрее.

---

[1] Если не пробовали, не знаете глубины или проблемы с сердцем, то в первый раз больше 10—20 метров по воде лучше не рисковать, лезть поверху.

Однодневный пробег-маршрут — выйти за два, два с половиной часа до высшей точки (самая малая вода) отлива. За два часа по хорошему отливу можно убежать[1] от Марчекана (портовый пригород) километров на 10—12, то есть далеко за Каменный. Там посидеть часик, чаю попить, благо дров и ручьев полно, и по отливной же полосе успеть назад, пока подступающая вода в береговые скалы и кусты не загнала. И нагрузка приличная, и красот побережья насмотришься.

Если с ночевкой — вообще хорошо. Можно четыре-пять часов в одну сторону идти. Если бы не прижимы, так и до Чирикова. И через сутки с небольшим[2] назад. Есть, конечно, второй отлив через 12 часов, но он всегда совсем маленький, пройти трудно.

В первый раз у Магадана 1 я был с ночевкой не особо торопясь. Сел на сутки в понравившемся месте с ручьем и дровами. И прижим недалеко: окуней-ершей по полной воде со скал половить. Часа три с половиной от города, километров 15—18. У костра посидел, отловился на рассвете, отоспался поздним утром в нагретой солнцем палатке, когда уже Потапыча не боишься, наелся ухи и ягоды, тушки рыбьи (потрошеные, без голов, хвостов и плавников, чтобы нести полегче) в пакет сложил. По времени решил еще минут сорок, пока вода отойдет нормально, по берегу побродить без рюкзака.

---

[1] «Бежать» — здесь таежный или береговой термин — идти часами максимально быстро.

[2] Суточное отставание отливов около 45 минут. Многомиллионная водная масса чуть «тормозит», не успевая за вращением Луны.

Не спеша осматривался и увидел вдруг скопление необычно красных камней. Конечно, подошел.

Это и не камни вовсе, а облицовка крыш и стен занесенного города. Если верить геологам, Магадан вообще стоит на наносном перешейке между континентом и полуостровом (бывшим островом) Старицкого, который воды Охотского моря намыли всего несколько десятков тысяч лет назад. Вчера по геологическим меркам. Поэтому и бухты такие удобные для судов. Вот наносами и древний город почти замело.

Красно-розовая мраморная облицовка была толстая, почти сантиметр, и срослась с каменными плитами стен. Хотя кое-где кусками отдельно валялась. Не тускнела, потому что весь материал облицовки (камень) такой. Несколько крыш и фрагменты стен. Крыши обычной формы, не крутые, только из каменных плит. А от них вниз вертикально начала стен, уходящих в землю (дно моря). Часть крыш уходила под сопку.

Я сел, закрыл глаза, «поймал» неподвижность и сосредоточился (техника познавательного постижения). Цель — получить на базе имеющейся информации образ этого города. И увидел фрагмент окраины южного (в смысле теплого климата) приморского городка: небольшие массивные, на века, увитые зеленью белые каменные домики с красными крышами, дворики. Улица неширокая, тенистая, телега пройдет, но две не разъедутся. Мирно все.

Однако нужно было спешить, иначе приливом прижмет на обратном пути. Позапоминал очертания берега, приметные деревья на склоне и двинул в свой Магадан. Приду еще, куда что денется.

Пришел через год.

До этого подходящего отлива не было, потом лето кончилось, дела-суета. Но помнил и пришел. Место легко нашел, сразу.

Крыши чуть больше занесло, а остальное как в машине времени — так же, как и год назад.

Копать начал и бросил почти сразу. Плотный, утрамбованный льдами и штормами песок из гранитной крошки сплошь с камнями. Походную лопатку погнул через две минуты. Да и выкопаешь ямку, а через прилив уже не найдешь ее, занесет и замаскирует. Взял кусок красной каменной облицовки, тяжелая. Отколол кусок гранитной плиты и выкинул. Просто кусок гранита с одним ровным углом. На любых мегалитах здешних тонны таких. Облицовку красную не поволок, припрятал тяжелую плоскую каменюку на берегу. Рыбьи тушки (пищу телесную) вместо этого поволок, о чем жалею теперь. Хорошо, что пришел уже с цифровым аппаратом и сфотографировал камни с облицовкой и куски облицовки. Фотографии сохранились.

Приходили потом на моторе: в лодке крепкие лопаты, ломы, друзья, готовые «ломить» грунт в поисках артефактов. Но... с моря все не так выглядит, как с берега. Тыкались-тыкались носом в берега, не нашли места. Часа через три устали, ушли в город.

Я уже тогда почему-то понял, что все, не найду больше. Но гнал от себя эту мысль. Еще два раза по отливу бегал —

нет на побережье такого места. Может, рельеф изменило-занесло штормами, может, в другое измерение все ушло...[1]

После наводнения 2014-го[2] берега пообваливались, много чего открылось. И я сбегал еще раз вдоль берега. Нет, не нашел Магадан 1. Возможно, когда осыпались берега, еще сильнее завалило.

---

[1] После общения с Шаманом не часто, но иногда попадаю в неклассический мир. В неклассической физике (и науке вообще) элементарная частица может быть одновременно, в зависимости от метода наблюдения, и волной, и частицей. В классической науке так нельзя: в один момент времени или только волна, или только частица. Так и это место бывает (набор условий) и обычным побережьем, и чуть другим еще с остатками древнего (вне известной пока истории) города.

[2] В Сети есть информация. Можно набрать «Магадан, наводнение 2014» и пр.

Многомирье

05.08.2013

Сижу третьи сутки на одном из своих обустроенных мест на побережье. Никакой связи с цивилизацией — гранитные сопки все экранируют. Сплю на накате из выброшенных морем бревнышек, под навесом, завернувшись от ночной сырости, холода и комаров в припасенный здесь ранее кусок толстого тепличного целлофана. Днем жарюсь на солнце, которое в упор палит в почти отвесный южный берег. Тени ни в лодке, ни на берегу нигде нет, только под своим навесом. Еще в начале лета загорел до черноты и обветрился. Не брит, закоптился и пропах костром вместе с рыбой. Потертый комбинезон и берцы в поту, дэте[1], морской соли, чешуе и саже.

Часов в 12 дня мимо проходит группа юношей и девушек. Судя по измученному виду и скорости, шли сюда ча-

[1] Антикомарин.

сов пять-шесть от города. Один из них, ярко-рыжий, похож по описанию на сына крабителя[1] из хижины неподалеку. Но видно, что идут впервые. Найти хижину отца легко: иди по берегу — не промахнешься.

В шутку окликаю:

— Ребята, давно из города?

(Юноши отвечают после демонстративной паузы неохотно-агрессивно, что и понятно: какой-то бичевско-браконьерского вида мужик в глухом месте вяжется общаться. Скорее всего из-за девушек[2].)

— Сегодня с ранья вышли. А тебе какое дело?

— Чего там, война ни с кем не началась?

— Нет пока. *(Отвечают уже спокойно и снисходительно-радостно.)* Живи тут спокойно.

И бредут дальше по камням, рассуждая о том, в какие далекие-дикие места они зашли, и какие одичавшие люди тут встречаются. Конечно, Борис (крабитель) рассказал им, что это не совсем дикий мужик, а профессор московского вуза. Но я с ними не успел после пообщаться, нужно было сегодня же в город по университетским делам.

01.08.2010

Приехал из Греции после двух недель в пятизвездочном «Sunny Beach»[3]: белый песок, теплое изумрудное море, езда

---

[1] См. раздел «Крабители» в книге «Свобода Шамана».

[2] Нехватка женщин — главная проблема браконьеров и разных непонятных людей на побережье, и все в Магадане об этом знают.

[3] Солнечный Берег. Наверное, половина отелей в окрестностях Салоников так называется.

по жаре на велосипедах и в автобусах на экскурсии в исторические места, блюда в окрестных ресторанчиках и пр. На десятый день я почувствовал неимоверную скуку, стал «искать приключений» и оставшиеся до чартерного рейса дни просто дотягивал.

Между рейсами из Салоников в Москву и из Москвы в Магадан было три дня, но, вдохнув дымный душный воздух Подмосковья 2010-го[1], я, не выходя из Домодедово, обменял билет и через два часа улетел в Магадан. Вообще-то это было странным. Сколько раз, пробираясь по льдинам, сидя, без надежды в ближайшее время согреться, в мокрой одежде и обуви в холодной палатке или выскакивая из обжигающе холодной воды по неудобному галечнику на берег после магаданского купания-окунания, я мечтал о желтом песочке (белого не было и в мечтах) и теплом море, в котором можно плескаться безгранично долго. И на тебе, через десять дней «мечты» потянуло обратно.

Это явно вопрос энергетики, который можно обсудить только с Шаманом. Да и не с кем здесь больше.

Шаман, однако, пребывал в мире ином, то есть сидел с остановившимся взглядом на скамейке для наблюдения за льдами. Он настоятельно просил в такие периоды его не беспокоить. Иногда Шаман сидит (медитирует?) с обычным или зловеще-угрюмым выражением лица, иногда с анемичной расслабленной «маской Будды», а иногда его лицо бывает как-то особенно одухотворенным. Сегодня была маска

---

[1] В 2010-м в Москве была небывалая жара, и в Подмосковье горели леса.

Будды, на которую я несколько раз поглядывал часа полтора, пока Шаман не вернулся в реальность и не отправился к ручью поплескаться водой тающего ледника.

— Что здесь есть такого, чего нет в «Sunny Beach»?

— Я.

— Шутишь?

— Отчасти.

— А в другой доле?[1]

— Здесь берег обрывистый, скалистый, с распадками и ручьями — более разнообразный и высокочастотный, чистая без людской суеты и радиоволн первичная энергия. И ты здесь занимаешься духовными практиками.

— Чего-то не припомню в этот раз.

— Сейчас общение со мной — твоя основная духовная практика.

— А не основная?

(Шаман как обычно игнорировал иронию.)

— Собрать дрова, развести костер, вскипятить чай, залезть в холодную воду... Выход за рамки необходимого и привычного в городе, и есть немножко духовные практики.

— Ну, к этим местам я давно привык.

— Да, это твой второй мир.

— А третий есть?

— У тебя, наверное, наука.

— Так могут быть и четвертый, и пятый.

— Четвертый — искусство. И пятый может быть, и шестой. Но учти, у большинства только один-два мира.

---

[1] «В каждой шутке есть доля шутки».

01.08.2010

По пути набрал грибов. Грибы лучше выложить на час-другой на принесенное морем белое высохшее бревно (плавник) на нежаркое магаданское солнышко и ветерок. После этого чистить их гораздо легче, приятнее и экономнее — поверхность грибов подсыхает, мусор и песчинки не липнут, их не нужно обрезать и пр.

Обычно варим уху из разногрибицы[1]. Интересно попробовать отдельно из каждого вида грибов. Но тогда остальные сушить? Некогда и лень. Продолжаю диалог.

— И новые блюда — духовные практики?

— Отчасти. Поиск новых ощущений.

— И маньяки?

— Отчасти. Это их неудачные пути поиска.

— Чем же отличаются новые блюда от медитации?

— Новые ощущения тела, комфорт — низкочастотный отдых.

— А более высокочастотный?

— Сам знаешь.

— Книги, фильмы, творчество, духовная деятельность?

Шаман не ответил.

— Бубен — танцы?

— *(Шаман отшутился с серьезным видом).* Ага, рок-кислота. А если всерьез, бубен — очень универсальный инструмент. Только нужно уметь.

---

[1] По аналогии с «разнорыбицей». В старорусском любое разнообразное варево называлось «уха».

— Получается, что преподаватель за учебный год устает душой, а в Турции-Эмиритах отдыхает телом?

— Ну, не только. Там и новые впечатления. Перезагрузка.

— Поэтому я и заскучал через десять дней?

— Задающий вопрос...

01.08.2010

Попалось больше лисичек, чем других грибов. «Прислушиваюсь» к специфическому вкусу. Говорят, что лисички растворяют яйца паразитов и вообще всех. Действительно, червивых лисичек не встречал, даже не проверяю. Но вкус... Без других грибов уха бы мне не понравилась. Да и откуда в этой кристальной прохладной чистоте паразиты? Не город все-таки. Ладно, все равно чуть новый опыт телесных «низких» частот.

— А еще более высокочастотные?

— Организованные духовные практики[1].

— То есть, сидя здесь в медитации, я мог лучше отдохнуть, чем купаясь в Греции?

— Телом *вряд ли.* У тебя нет пока столько мастерства медитации. А психологически — конечно.

Всегда

Этот сон рассказал мне ученик или союзник (?) Шамана, очень спокойный, собранный, сильный, немножко похожий на живущего в плазменном теле охотника.

---

[1] Самостоятельно и в группе.

То чувствую, то вижу себя как бы со стороны идущим сквозь лес в звездную ночь с копьем на плече. Наконечник копья холодно блестит. Ветерок и звездный свет овевают кожу, ветки скользят по плечам и бедрам, волосы чуть развеваются.

Волки и медведи заранее уступают дорогу. Они не будут связываться со мной, когда я в этом походе, разве что кто-то сойдет с ума.

Могут встретиться враги. Ни стрелы, ни кучка вооруженных воинов сейчас не смогут навредить мне. Я прохожу по их территории, как и по своей. Возможно, кто-то видит меня, но понимает, что сейчас лучше шума не поднимать.

Постепенно мир вокруг начинает мерцать, делаться призрачным и сливаться в мелькающие полосы. Это не затрудняет и не замедляет ходьбы, наоборот, я двигаюсь все быстрее и быстрее и скоро перехожу в другой лес. Он гораздо выше, и гуще, и звери здесь другие. Огромные ночные кошки с круглыми, горящими желтым глазами, зубастые птицы и ящерицы, дикие всклокоченные люди... Но и здесь никто не трогает меня, только провожают взглядами, задумываются и стараются побыстрее забыть. Я продолжаю движение и потом опять иду по своему лесу.

Не важно, куда и зачем я иду. Никуда и низачем. Из уважения к соплеменникам, имеющим мужество жить, я не опровергаю их догадки о поисках новых мест охоты, мести врагам или чего-то еще. Я просто иду сквозь миры, потому что в это время именно так я живу.

Именно в этих ночных походах я захожу в свой мир, в котором бываю самим собой. Все растраченная за год энергия души и тела собирается вновь за несколько ночей. Не ем и почти не пью, но к концу звездных ночей кожа и волосы начинают лосниться, мышцы проступают и играют на теле, голова поднимается, а взгляд становится таким, что друзья смотрят в глаза с восхищением. Они с радостью думают о моих встречах с врагами или о том, что враги видят меня, проходящим мимо.

Я проходил так по этому побережью, этим горам и лесам всегда и буду проходить всегда. Дух ведет меня. Всего несколько летних ночей — и я опять готов бесконечно преодолевать бесконечные препятствия этого мира.

Я помнил это, когда был маленьким, и помню сейчас, когда не помню сколько мне лет. Зимой я иногда думаю, что это повторяющийся сон, но летом отправляюсь в ночные походы. И тогда все остальное — сон между походами. В этом сне люди думают, что я живу вместе с ними, а я же только вижу их во сне. Нужно проснуться и отправиться в свой поход.

01.08.2010

Конечно, жизнь на побережье требует физической работы. Дрова, вода, камни и прочее. Но летом в обустроенном месте работы не особенно много. А если еще принес из города крупы-сахара-растительного масла, то вообще для пропитания нужно лишь часа полтора в день рыбу половить-обработать или пособирать что-то. Короче, полсветового дня полностью твои. Броди по отливу, лежи-спи на больших гладких, нагретых дневным солнцем камнях, танцуй в ритме дерева, растворяйся в пространстве... Три-пять таких дней — и ты бодр, как древний чукча-охотник. А в «all inclusive»[1] за такое же время, наоборот, можешь начать превращаться в медузу.

— Как, по-твоему, лучше всего гармонично отдохнуть и душой, и телом?

— Позанимайся новым делом.

— Ну, это скучно и трудно.

— Не торопясь, в приятном, даже чуть замедленном темпе. И дело выбери по душе.

— А старым по душе нельзя позаниматься?

— Можно. Только увеличивай мастерство.

— Это обязательно?

— Старое дело или уровень помогут что-то восстановить. А для изменения сознания обязательно новое[2].

16.11.2016

Несколько раз, слушая выступления докладчиков на международных научных конференциях, ловил себя на том, что, закрыв глаза, вижу странный образ: вместо выступающего на трибуне стоит не уверенный (ая) в себе шаман (ка). Бормочет-мямлит по бумажке какие-то заклинания, не зная их точно, не зная — подейству-

---

[1] Все включено.

[2] Подробнее см. в статье «Деятельностная теория сознания» // Психология. Журнал Высшей школы экономики, 2015. № 2. См. Приложение 4.

ет ли. А вдруг повезет, все получится правильно и подействует.

Таких много, но не все. Стал присматриваться к другим, более уверенным. Они, как правило, в годах и (вот это да!) уверенность черпают не в этом мире, а в трансцендентном. Как бы знают что-то еще. Хотя доклады выглядят вполне материалистически и позитивистски. Понятно, что мы обычно видим лишь малую дугу круговорота событий, но видит ли кто-то больше?

Шаман — самый уверенный из моих знакомых. И точно больше меня знает о трансцендентном.

— Почему, как думаешь, многие, даже признанные ученые приходят с возрастом к религиозности?

— Немного другая религиозность.

— Какая другая?

— Ученый приучил себя искать причины всех явлений.

— Конечно, принцип детерминизма[1].

— Не только. Когда ученый перестает просто доверять авторитетам из учебников, перед ним открывается поле недоказанного.

— И он не находит настоящих причин в этом мире?

— Естественно, потому что многие причины не здесь.

— Он идет в поисках причин в трансцендентное?

— Далеко не все. Многим страшно туда. Но я иду, ты идешь, он идет. *(Шаман как-то грустно усмехнулся.)*

— Мы идем, вы идете, они идут.

---

[1] От *лат.* determine — определять.

— Вот-вот. И когда ты начинаешь немного разбираться в этом и перестаешь пугаться…

— Получаешь новую точку опоры?

— Как бы. Просто понимаешь, что социальное — не все на свете[1].

— Дополнительная точка опоры?

— Не только. И дополнительное усложнение.

— Неужели они находят свое настоящее имя в трансцендентном?

— Настоящее — *это вряд ли.* Но второе ближе к настоящему, некоторые находят.

14.09.2016

Спал или не спал?

«И на старуху бывает проруха». Сижу с карабином, запахом пороха после выстрела в землянке и смотрю (вернее, смотрим молча друг на друга) с каким-то явно не отсюда существом. Страшновато, но себя контролирую. Вообще, кажется, с годами человек все больше становится фаталистом. От судьбы не уйдешь и т.д.

Существо смотрит не очень враждебно, наверное. Но что-то такое заинтересованно — испытующее в глазах. Выстрел, похоже, ему не повредил, и теперь его ход. Не нравится мне это.

К счастью, послышались шаги бегущего на выстрел Шамана. Давненько я не видел Шамана бегущим. И выгля-

[1] Подробнее см. в статье «Образ мира и образ жизни Шамана». Здесь Приложение 3.

дит он в открытую дверь несущимся, размахивая пучком редиски как-то слишком дачно-бытово.

— Чего палишь?

— Подумал со сна что медведь. А тут еще ... (*Мысленный контроль: не говори обидного незнакомцам, мало ли что.)*

В этот момент монстр (о, извиняюсь) и Шаман захохотали у меня в голове, то есть в сознании. Наверное, сплю. Тогда легче.

— Это ко мне.

— Предупреждать нужно.

— Обычно не сразу являются, думал, успею грядку. Извини.

— И ты извини *(это я Монстру).*

— За что? (*Оно рта не открывает. В сознании все.)*

(Перехожу на мысли. Во сне можно.)

— Мог тебя с испугу убить.

— А-а. У вас тут правила. От пролета свинцовых шариков вы должны умирать.

— А то ты не знал *(во сне можно не бояться).* Ты же мысли читаешь.

— Могу читать. Но вежливость.

— О-о-о. **Как ты читаешь мысли? Научи.**

— Это просто. Я сам — мысль.

— Да-а. Но я-то — не мысль.

— Пока ты так думаешь — не сможешь.

14.09.2016

Наверное, из вежливости Шаман с Монстром удалились к грядкам. Кажется, Монстр попробовал редиску. Я тоже помыл пару штук под рукомойником и сгрыз. Нигде нет мест, чтобы пожить спокойно без неожиданностей. Хорошо хоть, что редиска... И опять уснул.

Шаман смеется, говорит, что приснилось. Но патрона нет. И две картечины в дверях. Так испугался во сне, что палил наяву? Что тут вообще творится, когда я сплю или в городе?

Вспомнилось из эвелнской песни:[1]

Как только отвернусь,
За спиной происходит странное:
Все предметы меняют очертание и характер,
Мир становится другим.

23.07.2015

Шаман не рассказывает о своих снах. Как-то упомянул, что находит в них решение проблем. У меня, кажется, тоже так бывает. Только я не уверен, что решения оптимальные. Иногда такое поведение может быть и вредным. Неожиданно спросилось:

— Ты видишь огонь во сне?

— Иногда.

— Что это значит?

— Все в контексте.

---

[1] Полностью есть в книге «Хохот Шамана» («Свобода Шамана») в изданиях после 2010 г., в разделе «Эвелны».

— Если, например, горит твой дом? *(Сочиняю вопросы на ходу.)*

— А если, например, горит твой зад. *(Смеется.)*

— А-а, понятно. *(Смеемся вместе.)* Но иногда все же сны не столь очевидны.

— Сны всегда очевидны.

— Почему же столько противоречивых интерпретаций?

— Люди их неправильно читают.

— Что неправильно?

— Сны дают восприятие не одного события, а сразу многих связанных событий.

— Связанных во времени?

— Иногда. Но чаще — связанных по смыслу.

— То есть и о событиях будущего?

— *Говорю же — иногда.* Но связь по смыслу важнее.

— Но пространственно-временные связи никуда не деваются же.

— В снах это мало имеет значения.

— А все же за какой период события связываются по смыслу?

— За весь.

— То есть прямо с рождения человека?

— Вообще. Прямо с рождения Вселенной, если по вашей науке.

— Ну, те события мало кто может осмыслить.

— От развитости зависит.

21.08.2015

А-а-а!

Шаман вдруг спросил:

— Случалось ли тебе вдруг осознать себя во сне вообще одному в центре мира без всякого общества?

— Да-а, бывало несколько раз.

— Ну и как?

— Там было уверенно. А сейчас думать об этом страшновато.

— Почему?

— Понимаешь, там я никому ни друг, ни муж, ни коллега, ни отец, ни сын… Вообще никому никто. И никуда не рвусь-стремлюсь-хочу. Но в центре всего. И всегда.

— А почему уверенно?

— Типа я здесь на своем месте, мир со мной или даже мой.

— Это и была твоя настоящая сущность.

— Ты здесь живешь все время в таком состоянии?

— Да.

08.05.2004

В закутке на кафедре над чайным столиком висит японская карта мира. Как-то мои сотрудники селили в общежитии университета приглашенного профессора в квартиру, где до этого жил японский преподаватель. Готовя квартиру, они сняли карту и повесили ее в закуток. Особенность карты в том, что там Япония в середине, а Москва и тем более Западная Европа, как и обе

Америки, — на периферии. Япония расположена на юге чуть ниже центра карты, а чуть выше центра на месте первого внимания, как и должно быть, расположен наш замечательный Магадан.

Кафедряне быстро к карте привыкли и перестали и ее замечать, но все приглашенные выпить чай-кофе бывают в первый момент поражены: «Оказывается, вот как можно видеть мир! Вот наконец-то правильная карта, соответствующая моим представлениям!» И т.д.

— Среди таких точек зрения может быть правильная?

— Вы, когда обучаете психологии, предлагаете студентам посмотреть на мир глазами клиента?

— Конечно. И глазами папы-мамы, и партнера, и преподавателя, врага-друга, и даже архетипов Юнга[1]. И даже взаимодействовать из этих позиций. Типа психодрамы.

— Обязательно драма?

— Нет, просто сложившееся название.

— Используй это дальше.

— Глазами кошки?

— Еще дальше.

— Глазами облака?

— Еще.

— Ну, не знаю. Глазами болезни, радости, вражды?

— Тепло. Тоже полезно. Еще?

— Дай подумать. Глазами призвания?

[1] Из филогенетических архетипов обычно — Дракон. Из антропогенетических — Тень, Анима (Русалка), Анимус и др.

— Хорошо. Называй пока это «зовом». Попробуй «увидеть мир» с точки зрения каждого из своих «зовов». Хотя бы несколько часов на зов.

— Что это даст?

— Ты гораздо лучше начнешь понимать и людей, и зверей. И, может быть, увидишь границы между их мирами. И контролировать «зовы».

— Есть техника безопасности.

— Современным лучше до 21 года не практиковать.

— Можно «уйти» как в компьютерные игры?

(Шаман проигнорировал вопрос.)

Магадан 3

2006

В Магадан 3 попал зимой. Он не на берегу моря, а почти на верхнем плато полуострова Старицкого, в большом распадке. Где-то там же, где и Магадан 1 скрыт на дне бухты. Даже была потом мысль, что он (Магадан 3) и поставлен был для работы с артефактами Магадана 1. И они же (работники-сотрудники из поселка) красные крыши потом засыпали-убрали.

Записано у меня в блокноте 2006-м годом. В годы СССР и сегодня в 2016-м зимой массы людей на снегоступах и снегоходах вокруг Магадана бродят-бороздят, правда, почему-то по одним и тем же ограниченным туннелям[1]. А в 2004–2008 гг. только мы с другом или поодиночке — всю зиму ни одного следа человеческого, кроме наших. Но мы

[1] См. о туннелях в книгах «Хохот Шамана» или «Свобода Шамана».

ходили в эти годы и водили друзей и студентов, не прервалась цепочка бродячих практик. В 2006-м я привез с Аляски себе и другу первые в Магадане современные[1] снегоступы.

Шел один по льду вдоль берега, почти без надежды (неделанием) искал какой-нибудь след красных каменных крыш Магадана 1. Лед уже твердый, не скользкий, замело лишь чуть, ходко. Чем ближе к мысу Чирикова, тем сопки ниже. Когда уже не выше двухсот стали сопки, возникло чувство: «Где-то-здесь». Решил залезть на плато. Надел снегоступы и полез вверх по распадку с замерзшим ручьем. Метров через сто пятьдесят по вертикали распадок оказался входом на не видную с моря террасу с километр шириной.

Если топчешь рыхлую снежную целину, да еще в обледеневшую каменистую и кустистую неровную под снегом гору, то обычно смотришь под ноги. Мело, видимость метров пятьдесят. Я поднял голову и вдруг увидел два двухэтажных восьмиквартирных деревянных с белой штукатуркой и шиферным покрытием дома. Типовой проект, я в таком доме вырос в Магадане. Дальше угадывалась в поземке небольшая расчищенная техникой улица, по которой спиной ко мне уходила в глубь поселка женщина в короткой городской куртке, старомодной женской меховой шапке, джинсах, сапогах и с обыденной хозяйственной сумкой. И в паре

[1] Не деревянные с сеткой, как у коренных народов Севера, и не советские десантные (лопаты) сплошные, дюралевые. Деревянные явно не для современного крупного тяжелого горожанина с аммуницией — ломаются быстро, а для дюралевых нужно было очень-очень хорошую физическую подготовку иметь для дальних переходов — даже сами десантники предпочитали на лыжах по кустам и камням мучиться, чем эти лопаты использовать.

метров от меня проволочный периметр. Не из колючей проволоки, а простой серой стальной. По скрученным, торчащим в воздух или прибитым кое-как гвоздями к серым от времени столбам местам обрывов-повреждений проволоки сразу было видно, что она не для защиты-сигнализации, не под током, а просто для обозначения территории.

Что-то подсказало, что лучше тут себя не обнаруживать. Залег у столбика и осмотрелся. Слева в поземке бродил-дремал, еле перебирая ногами, часовой с карабином СКС. Вел он себя точно так же, как и я во время двухгодичной службы в Советской армии, когда мы охраняли зачем-то зимой 1978/79 года никому-вообще-ненужные смерзшиеся-только-взрывчаткой-взять угольные отвалы. Никто никого тут не ждал в принципе. Ну нет в природе таких придурков[1], чтобы магаданской зимой в поземку без дороги сюда припереться. Да и не знает никто из посторонних про этот поселок. И сам пост был символически глупым, так как часовой бродил вдоль лишь по левой от меня длинной стороне (то есть со стороны далекого города) прямоугольного периметра.

Военный держал карабин на груди на сгибе рук у локтей (чтобы ладони не мерзли), кисти рук в соединенных муфтой рукавах белого офицерского тулупа без погон, дышал паром в заиндевевшую узкую щель между поднятым высоким меховым воротником и серой солдатской шапкой-ушанкой почему-то (из лени, наверное) еще с советской кокардой. Он

---

[1] Фраза жены друга, когда мы в пургу собирались в сопки просто (не на охоту-рыбалку и пр.) погулять на выходные: «Вам с психологом (это про меня) психиатр нужен». Действительно, в окно на эти сопки иногда смотреть страшнее, чем по ним лазить.

медленно топтался белыми валенками, не глядя под ноги, по вытоптанной им же и сменщиками тысячу раз хоженой тропке. Я не уверен, что с открытыми глазами.

Взяв правее, я вылез поближе к правой двухэтажке, чуть пригибаясь ниже зашторенных окон первого этажа. Было часов пять уже совсем серого зимнего вечера, и на снегу лежали пробившиеся между шторами оранжевые полоски света лампочек Ильича. То есть тут и дизель, и котельная есть. За домом открывался вид на улицу, еще шесть домов — по три с каждой стороны. Дальше ничего не видно в поземке, но угадывается большое приземистое здание вроде склада. И тут вдруг я четко понял, что если меня найдут в этом секретном поселке, то домой уже не вернусь. Обычное дело в Магадане — ушел человек в сопки по зову или дури вдруг-неизвестно-куда-когда и пропал. Ищи его на тысячах километров заснеженных горных безлюдий, льдов или тайги. Я выполз за периметр и еще прополз далеко, метров сто, когда в сумерках и поземке не то что человека — домов двухэтажных с оранжевыми электрическими окнами не видно. За эти минут двадцать-тридцать мой след почти замело, а уж через час никто в поселке и не предположит, что гость побывал.

Через девять лет опять же зимой в пургу подошел осторожно к этому поселку. Поселок «не ушел в другое измерение», стоит на месте, но заброшен: периметр местами упал, дома с уже побитыми жесткими ветрами стеклами, частично без окон-дверей. В квартирах старая, побитая погодой мебель, брошенные книги, бумаги-майки-тапочки-чашки. Удивил в некоторых комнатах вздыбившийся разбухший паркет (в Магадане и в центре города встретишь паркет не часто). Запомнились обрывки бумажных карт побережий каких-то африканских Занзибаров с указаниями глубин и название валявшейся на полу раскрытой пожелтевшей книги «Ленин и моряки». Бред эпохи. Обыкновенный поселок-призрак, каких тьма на Колыме. Как-нибудь надо сгонять туда с друзьями за черно-белыми фото, ставшими историческими. Там какие-то брошенные фотоальбомы валялись.

Что это было тогда в 2006-м?

Друг Шамана

08.12.2015

Иногда теряю друзей во времени. Не ссоримся, сохраняем прекрасные отношения. И «вместе битвы проходили», и никто никого не подводил.

Заметил это, еще когда начинались «Одноклассники». Находишь школьного или армейского друга, или он тебя. Договариваемся, встречаемся, радуемся. С интересом узнаешь о том, что случилось с другом за эти 30—40 лет: «Ну, теперь уж будем встречаться, не потеряемся!» — «Обязательно!».

И ты не звонишь (не о чем), и старый друг больше не звонит.

А вот с Шаманом дружу уже 18 лет. Сидит, смотрит на розовые закатные облака. Пожалуй, и я присяду, посмотрю.

Когда совсем стемнело, поправили костер и подсели к огню. Вспомнил, что хотел поговорить с Шаманом о дружбе. Но… можно и не поговорить. Мысли того-сегодняшнего раннего вечера как в далеком во времени зеркале — помню их, а вопрос, в общем-то, не волнует. Так, помню, что хотел обсудить.

— У тебя друзья есть?

— Ты уже друг.

— Польщен, конечно. А еще появились за эти годы?

— Еще один.

— Как выбираешь ты?

— Кто нормальный и успевает за мной.

— Что значит «успевает»?

— Заметил, как я изменился с 1997.

— Честно говоря, нет.

— А сам ты изменился?

— За эти годы-то… И сын вырос, и я уж дед. И форма физическая…

— То есть ты стал другим, а меня видишь прежним.

— Ну… По-простому — да.

— А другие люди изменились?

— Да! Вижу, очень изменились.

— К лучшему?

Кажется, не все. Но это их выбор.

— Сам задашь мой следующий вопрос?

— Да. Почему видишь других изменившимися, а меня (то есть тебя) нет?

(Шаман утвердительно кивнул.)

— Мы движемся в одном потоке?

— Можно и так сказать.

13.08.2015

Лежу у костра. Самое темное время суток примерно с полдвенадцатого до полтретьего. Звезды летят. Довольно часто. Читал в Сети «по диагонали», что «врата» какой-то группы открылись. Загадываю желания. Звуки дифференцировались. Волна по песку шуршит, дрова потрескивают, ветер по деревьям. И ветер же иногда шоркнет по траве — как шуршит-крадется кто-нибудь в темноте. Мысли, понятно, о медведе.

В этом году их видимо-невидимо. На свалке возле базы ОРПС семь штук в кадре. Вчера по третьему микрорайону бродил пестун. А уж в лесу следов… Но с Шаманом спокойно, при нем не подойдут. «Хоть стада тут будут. Спи спокойно».

Друг-Шаман смотрит в темноту, где шумит волна. Молчим. «В потоке» долго. Подумал про поток — сразу вышел из состояния потока. Еще подождал «до первой падающей звезды» (решил, что тогда уместно продолжить разговор).

— Я точно успеваю за тобой?

— В этот период да.

— А потом?

— Как в море корабли.

— А из старых друзей, из детства, юности остался кто-то?

— Нет.

(Помолчали.)

— Умерли все?

— Точно не знаю.

— Страшно с тобой.

— А чо приходишь? Живи в городе или с туристами ходи.

— Не-а. Понапрягаюсь немного.

— Цену продвижения обдумываешь?

— Помню, про ответственность.

— Еще есть и побыстрее.

— Что?

— Часть друзей можешь потерять.

— С чего бы?

— Представь себя 18 лет назад. Стал бы сейчас с таким дружить?

— Ну, придурковат немножко... Нет, не стал бы. Приятельствовал бы, да. Не самый худший человек. А дружить — слишком узко мыслил.

— Все твои прежние друзья стали «шире» мыслить?

— Нет. Некоторые, наоборот.

— Потерялись?

— Не все. Приятельствуем. Но... может, они просто пошли в свою сторону, а я в свою.

— Все?

— Да нет. Но хорошие отношения... сохранены... в основном.

— Это тоже ценность, береги. Только...

— Понимаю. Про единомышленников.

(Помолчали.)

— Куда ведет это развитие?

— Пока не залезешь на гору, не увидишь, что за ней.

— Все же жутковато.

— Так не лезь в гору. Живи себе в долине среди своих.

— Мой выбор. Лезу, однако.

— Не боишься, значит?

— Боюсь. Осторожничаю. Рассчитываю. Но лезу.

— Нормально, друг. Развивай одновременно свое бестрепетное сердце.

— Бесчувственное?

— Не тупи. **Бестрепетное сердце – умение четко и смело воспринимать реальность, какой бы она ни была.**

Теперь я самого Шамана друг. Это здорово, пока не привыкнешь к мысли. И тревожно. Потому что Шаману не нужны ученики, неинтересно. Нужны друзья, прошедшие сложный (сравнимый с его путем) путь развития и не оставляющие это (развитие).

Сезон из жизни Шамана

Весна, 1999

Весной 1998 года браконьеры привезли себе хорошие иномарки. Успели до кризиса-дефолта[1]. Способ приобретения машин был мне тогда удивителен.

За $300 или 700, или 1000 приобретался паспорт моряка. На судне по договоренности покупалась на рейс каюта (место), и тебя записывали в судовую роль. Для портовых властей ты — член экипажа. Идешь из Магадана или Находки в Японию или Южную Корею и с помощью судового специалиста выбираешь одну машину для себя. О второй нужно специально договариваться, и это уже дороже. Все понимают, когда мужик везет не себе, а на продажу… Кому нужны конкуренты? Таким образом, в Магадане своя «япон-

---

[1] В августе 1998 г. начался обвал рубля (с тех времен остались термины: банкформирования, черный вторник и пр.). За три месяца рубль подешевел в 6 раз.

ка» или другая иномарка обходилась в два-три раза дешевле, чем в Москве, например.

«А что ты делал в рейсе?» — спросил я Генку, наивно думая, что каждый вписанный в судовую роль член экипажа должен работать. «Ну, книги, видео, в тренажерный зал ходишь, сауна есть», — ответил он, поняв вопрос по-своему правильно.

Хан и Радист[1] остались в бизнесе по перевозке иномарок. Побольше заработки и комфортнее бытовые условия. Радист даже переехал в Находку. Но большая часть бригады уже с середины зимы начинает тяготиться городом и ждет не дождется сезона. Это не профессия — образ жизни.

Кузьма подбирал двоих в экипаж. «Пойдешь с нами летом?» — спросил он по телефону. Я был польщен, зная, как тщательно Кузьма подбирает людей и как жестко и быстро выгоняет неподходящих. Но отказался. Преподавательский отпуск — 66 дней, плюс «северные» 18 дней, плюс выходные с обеих концов (если в ОК[2] договоришься о сроках приказа) — почти три месяца[3], но все же меньше рабочего сезона браконьеров. Зато мой отпуск позволяет почти все лето бродить по горам и побережью. А ненормированный рабочий день позволяет и в середине учебного года «организовать-прикроить» два-три дня к праздничным или каникулярным.

[1] Клички. Подробнее о жизни браконьеров-добытчиков в книге «Хохот Шамана».

[2] Отдел кадров.

[3] Деньги, конечно, быстрее кончаются. Да и дел много. Обычно ректорат «УБЕДИТЕЛЬНО» рекомендует брать часть отпуска в зимние каникулы, когда и так занятий нет и из дома лишний раз не выйдешь в Магадане.

Просидеть лето в соляре и рыбе в холодном железном плашкоуте... Деньги нужны, конечно, но не настолько. У меня зимой постоянная работа есть, в отличие от браконьеров. «Люди свободной от государства профессии» — браконьеры — и не подозревают об истинной свободе профессора-бюджетника.

«Зря отказываешься, у нас и Шаман как-то сезон работал», — сказал в конце разговора Кузьма, приоткрыв страничку из жизни Шамана.

Значит, на освоение практики прибрежного и речного лова лососевых, добычи и обработки краба, икры и разнорыбицы у Шамана ушел сезон.

— А деньги он куда дел?

— Карабин хороший дорого ему взяли, потому что без охотничьего билета, экипировка там. Ну, ..., и сгорели, наверное, в дефолт. Он же, ..., в лесу сидел всю осень 98-го и зиму потом. Мы тут, сука, в городе свои не спасли, ...

Многоточия здесь показывают привычные междометия в бригаде. В данном случае они иллюстрируют отношение к кризису.

Люрна

20.08.2015

Год 2015-й. Океанское побережье в землях вечной мерзлоты и сидящий ночью у костра Шаман. В бликах пламени это просто коренастый мужик примерно 175—180 см ростом, в потертом таежном комбинезоне и полуразбитых берцах. Лицо потемнело от загара, костров и ветров, огрубевшими пальцами он может взять из костра уголек для растопки на ночь печурки в хижине. Но может и вырезать из дерева или кости тончайшие детали фигурки животного или человека. На вид ему дашь акмэ от 40 до 70, реально гораздо больше.

Двигается он четко и неторопливо, говорит редко, по делу или отвечает на вопросы. В свете костра среди скал кажется, что он жил на побережье всегда, и именно эти места являются его историей, настоящим и будущим.

Но история другая. В 1911—1916-м гг. он работал [референтом-аналитиком] в Румянцевской библиотеке. К нему на квартирку в доходном доме иногда заходили в гости те самые, ныне числящиеся классиками, творцы и ученые, частью оставшиеся после революции 1917-го в СССР, частью потом уплывшие на знаменитом философском пароходе[1]. Они не только заказывали Шаману глубокие обзоры по разным темам, но и обсуждали с ним и с постепенно складывающимся кружком единомышленников волнующие проблемы. Писавший на заказ все эти обзоры по философии и самым разнообразным естественным и гуманитарным дисциплинам Шаман постепенно становился центральной фигурой этого кружка, транслируя, интегрируя, объединяя и развивая многочисленные проекты.

— Почему они не стали жить также долго?

— Не ставили такой цели. Но продлены в культуре.

— Это как?

— У тебя есть, например, знакомый художник или писатель? Только чтобы настоящий.

— Художник, кажется настоящий, есть.

— Как к нему относишься?

— Двойственно. Общаться чуть напряженно. Но хорошо отношусь. Человек, сделавший такие работы...

— Видишь, **ты относишься к нему и как просто к человеку, и как к творцу впечатливших тебя работ**. И это второе продлено во времени за физическое тело.

---

[1] Шаман просил не называть имена. На меня они произвели впечатление.

— Да-а. А уж твоих кружковцев мировые работы... И что вы обсуждали?

— Культурные проекты.

— Надолго?

— Сначала лет на сто.

— Ну и ну. Сто лет!

— Ничего особенного. Сколько лет ты транслируешь студентам свои универсальные модели мышления?[1]

— Да... больше 35. А если с кружком, что в аспирантуре вел, то еще больше.

— Ну вот, видишь.

— Как-то не думалось. Почему никто из них не выбрал такой способ, как ты?

— Кто сказал, что никто? Хотя фиксация в социуме привычнее.

— Фиксация в социуме их съела?

— Для них другое было важнее. Ты их проекты со школы знаешь.

— Их да. А твой?

— Провожу пространство проектов через кризис ста лет.

— Почему кризис через сто лет?

— Примерно. Смена преемственности представлений поколений. А почему век — сто лет?

— Ну, средняя продолжительность жизни.

— Где видел такую среднюю продолжительность?

— Выходит, примерно сто лет — век культуры?

---

[1] См. в книге «Свобода Шамана» раздел «Детали схемы универсального анализа».

— Если не помогать пройти кризис, то да.

— И ты сто лет один, среди черной мерзлоты, лелеешь эти проекты?[1] Мог много раз погибнуть, в лагере, при побегах или здесь.

— Не все сто. И не один. Ты, например, спрашиваешь-пишешь. И не только ты.

— Что делать? *(Усмехнулись оба[2].)*

— Сам знаешь. Язык, восстановление истории и математика.

— Как пифагорейские союзы, что-ли?

— Не совсем. С учетом их ошибок.

01.04.2014

Вдруг увидел Люрну!

Сидел на склоне сверкающего солнцем белого ледника и с высоты смотрел на солнечные блики в бесконечности плавающих льдин и ярко-синего моря, сливающегося на горизонте с таким же небом.

По преданиям эвелнов солнечная птица — Люрна — живет в глубоких пещерах и питается тем же теплом Земли, что и горячие источники. Она состоит из жидкого солнечного света и может принимать любую форму. Поэтому она легко пролетает-протекает в самых маленьких пространствах между камнями и даже песчинками внутри горы.

---

[1] Предупреждая вопросы: я не знаю, почему центр проекта за эти сто лет переместился из Москвы в Магадан. Может быть, вместе с ментальностью Шамана и других репрессированных.

[2] Вспомнили одноименную книгу Н. Г. Чернышевского и сакраментальность вопроса.

Люрна не очень любит тяжелую красную энергию тепла внутри Земли и в яркие солнечные дни вылетает на свободу напиться белой солнечной энергии и порезвиться с другими Люрнами. В воздухе Люрна принимает свою естественную форму птицы солнечного света. Цикл Люрны не ограничен Землей. В подростковом возрасте она улетает к звездам и возвращается ненадолго взрослой, чтоб вывести потомство. Летает она столь быстро, что ее можно заметить лишь в моменты, когда она глотает отраженный солнечный свет, бликующий с волны, снега или со льда. Заметив Люрну, можно секунду-другую проследить за быстрым полетом.

Увидевший Люрну редко рассказывает об этом — не верят люди. Но сам увидевший уверен и никогда не забудет. И я многие годы думал, что все это — только мифология.

Увидевший Люрну мечтает о жизни в солнечном теле. Знаю теперь по себе. Человек вполне справляется с текущими делами, но, хотя и не часто, регулярно возвращается к этой мысли. Потому что он знает — это есть в природе. Для эвелна эти мечты довольно мучительны. Но он не знает, что делать для этого.

В размышлениях появляется надежда на жизнь в таком виде в Мире Предков. Но это не совпадает с племенной мифологией. Для сборки разорванного мировоззрения эвелн обращается к шаману, который при таком обращении сообщает эвелну о его предназначении и советует-требует следовать ему. Впрочем, требовать излишне, так как ведомый мечтой эвелн неуклонно следует своему пути, преодолевая любые препятствия.

Такая цель редко достижима в течение одной жизни: к физической смерти увидевшему важно не достижение цели, а пройденная дистанция и набранная скорость.

— Ты видел Люрну?

— Регулярно. У них где-то тут *(Шаман указал вниз, в недра сопки)*, наверное, гнездо.

— А мне почему не говорил?

— Не видевший не поверит.

— Ты тоже хочешь солнечное тело?

— Конечно.

— Получается, Циолковский и другие космисты[1] видели Люрну?

— Они есть во многих местах на Земле. Может быть, но точно не знаю.

— Но его проект лучистого человека, живущего в космосе…

— Я тогда еще Люрну не видел, поэтому не спрашивал.

— Он же не знал эвелнской мифологии.

— Скорее всего. Поэтому пошел механическим путем.

— Что же нам-то делать?

— Развивайся в эту сторону.

— То есть ваши проекты?..

— Задающий вопрос…

— Я могу помочь-поучаствовать в этих проектах?

— Как раз пора, почти ровно сто лет прошло. Только отнесись серьезно. Как к одной из миссий.

---

[1] См. философию русского космизма.

— Большинство людей считают, что про свою миссию думать не очень нормально. Типа гордыня.

— Они просто *профукали* свои миссии.

— Ну, они думают, что от них ничего не зависит.

— **Людей, от которых ничего не зависит, нет в природе. Творцу незачем было таких создавать. Человек, признавший себя маленьким, от которого ничего не зависит, сам отказывается от своей миссии.**

— Вы же делали проекты не только для себя. Для культуры, общества.

— В группах развиваешься быстрее. Но нужно уметь действовать совместно, а не для части группы или вообще для одного.

21.09.2016

Следующий кусок разговора о культурном проекте я для легкости понимания изложил здесь в виде таблицы.

Царства философии

Западная философия	Русская философия
—	Богочеловеческое царство
—	Духовно-человеческое
Социальное царство	Социальное царство
Природно-человеческое	Природно-человеческое
Животное царство	Животное царство
Растительное царство	Растительное царство
Минеральное царство	Минеральное царство

Хорошо социально успешному человеку в хорошем (без иронии) социальном царстве. Но если для западной философии это конечный пункт (вспомните Гегеля и Прусскую империю), то для россиянина — возможно, необходимый, но лишь промежуточный пункт.

Абсолютно все люди еще в раннем возрасте абсолютно точно знают, что будут жить вечно. Потом, конечно, это интуитивное знание расшатывается родителями, школой и другими. Но в глубине души все равно это знают. Странно лишь то, что вопреки своему опыту и наблюдениям многие думают, что будут жить вечно в этом теле.

Нет, конечно. В других формах и иногда в других телах. Без сознательных усилий по своему духовному и психическому развитию — сверху вниз, с усилиями — снизу вверх.

Ни один народ в истории не поднимался выше своей философии. Но и не всем удавалось «дотянуться» до своих «верхних этажей». Нужны большие усилия и настойчивость. Вверх всегда труднее.

21.09.2016

Прищурясь, наблюдаю за солнечной дорожкой и бликами на волне. В надежде увидеть Люрну. Шаман видит их чуть ли не каждый солнечный сезон, а я пока только раз в жизни.

Шаман, будто понимая мои мысли, говорит:

— К закату солнце, сегодня уже не будет.

Возвращаюсь к разговору о продвижении:

— Стремление к состоянию Духо-человечества не приведет к отрыву от реальности?

— В этом сложность задачи: преодолеть подчиненность материи, но не кинуться только в идеализм.

— Можешь посоветовать, что именно мне делать?

— Подумай, **куда, к чему ты можешь применить все свои знания и опыт? Именно все. Это и есть твои уникальные возможности.**

— Давно знаю, чем отличаюсь от многих других преподавателей.

— Чем?

— Говорить и писать могу понятно для других.

— Да ладно.

— Но мои книги.

— Ну и?

— …?

— Кажется. Но ты сам реши.

Некоторые звезды любят дождь

07.08.2016

Знакомые созвездия. Когда-то в аспирантской молодости («Страна непуганых идиотов», — говаривал руководитель Московского методологического кружка Георгий Петрович Щедровицкий) я смотрел на эти же созвездия в Москве. В Магадане на дальнем от Москвы краю Евразии созвездия в основном те же, только их даты другие.

Тогда любил женщину, которой не нравился. А меня любила, которая мне не нравилась. Но на старом черно-белом фото первая мне уже не нравится. А очень-очень нравится как раз вторая. То есть она теперь была бы первой. Если бы сегодняшний опыт тогда... Она тогда чувствовала? Интересно, это все. Шансов хоть что-то догнать из той ситуации уже не будет? У нее своя, надеюсь, хорошая жизнь. Может, она хоть прочтет эти строки и за ними по-другому прочтет ту старую-эту ситуацию? Звезды-то те же самые.

— Эвелны считают, что у каждого человека своя звезда.

— Не у человека, у души.

— Звезд гораздо больше, чем людей.

— Кто тебе говорил только про людей? И только про наше время.

— Но наши звезды здесь? Смотрят сейчас на нас?

— Конечно.

— Душа живет столько, сколько ее звезда?

— Звезда живет, сколько ее душа.

— Это сколько же жизней?

(Шаман промолчал.)

15.08.2016

«Ночью звезды вдаль плывут по синим рекам...»[1]. Только реки ночью в августе уже черные — «зима близко»[2]. Тьфу-ты, как СМИ мозги засрали. Нужно больше времени в лесах-горах проводить. А то в зомби превратишься.

Звезды плывут по черной воде, а потом вдруг оказываются на том же месте. И опять плывут... Если долго глядеть, можно потерять ход времени и оторваться только когда светать начнет. Как, уже? А казалось, минут пять прошло...

Шамана живет без гаджетов, да и ничего не берется здесь, гранитные сопки экранируют. Зато звезды настоящие, не приглушенные отсветами электричества. Звезды смотрят безразлично-лучисто или, наоборот, с любовью. Это уже от состояния человека зависит.

---

[1] Начало песни на стихи Л. Муравской.

[2] Слоган из «Игры престолов».

У Шамана, наверное, с любовью. Он любит смотреть на звезды. Говорит, что суть человека та же, что и энергия звезд, и, глядя на звезды, он постигает и восстанавливает свою суть. Это я записал и обязательно к этому вернусь. А пока в планах более практичное.

Как-то Шаман говорил про предсказание погоды по звездному небу. И это я записал. Незанудный исследователь не сможет «докопаться до истины». Главное, не распространять это занудство на другие сферы жизни, тогда тоже не сможет — социум помешает. Настало время поспрашивать об эвелнской астрономии[1].

— Как определяешь связь неба с погодой?

— По звездам.

— Звезды далеко, года лететь со скоростью света.

— Видишь звезды сейчас?

— Да.

— Значит, они и здесь.

— И как влияют?

— Некоторые звезды любят дождь. Их проявления — к дождю.

— Низко летят?

(Шаман усмехнулся[2].)

— Выше, чем Луна, Солнце и планеты. Когда светила проходят через звезды, то наполняются их влиянием.

---

[1] См. раздел «Эвелны» в книге «Хохот Шамана» (также «Свобода Шамана», выпуски после 2012 г.).

[2] Вчера за чаем вспомнили старый анекдот: поручик Ржевский хочет познакомиться с дамой и придумывает повод заговорить. Наконец подходит, пинает ее собачонку и говорит: «Низко летит. К дождю-с. Позвольте представиться...»

— Так дождь определяется Солнцем, Луной и планетами?

— Влиянием звезд на Луну и Солнце.

— А другие звезды любят холод?

— Обычно ветер и холод.

— Ну, это сезонный небосвод.

— Само собой, круговорот звезд почти постоянен.

— Так-то понятно, сезон дождей, пассаты-муссоны.

— Понятно? И какая погода завтра?

— Не, я про целый сезон. А про дни не знаю. Как узнать внутри сезона?

— Ты почти подошел. Сравнивай их сияние с другими сезонными (*сияниями*).

— Так у них постоянное сияние.

— Нет. Присмотрись. Именно изменения звезд и сияний позволяют предсказывать.

— И не только погоду?

(Шаман махнул рукой и не стал отвечать.)

14.08.2016

Еще в 80-х годах прошлого века я писал о культуре как пространстве деятельностей[1]. И всегда знал (теоретически), что в других культурах есть другие деятельности. Отсюда и другое сознание. Внешние деятельности (оленеводство, собирательство, рыбалка, морской зверобойный промысел, пушной, меряченье, выделка шкур, жилища, резьба по

---

[1] Функциональный генез значения в практической деятельности. Дисс. ... канд. психол. наук. М.: МГУ, 1988.

кости, камлание, заготовка продуктов питания и так далее) видны сразу. Но как узнать про внутренние практики?

Эвелны сами не рассказывают. А когда спрашиваешь, не понимают или делают вид, что не понимают. Возможно, и то, и другое. Спросишь про что-нибудь особенное — пожимают плечами: «Как все. Ничего особенного». Конечно, как все здесь. Но не как все в городах. Или стесняются, или считают несерьезным, или сокровенным, или не для чужаков...

Шаман рассказал немного про практику работы со звездами.

Звезд столько ясными ночами, что просто давит. Смотришь вверх в объемные многоэтажные гирлянды — как вниз на далекие вершины с очень высокого и резкого обрыва скалы. Чувства те же: внизу живота начинается пустота, доходит до сердца... Приходится закрывать глаза.

Перевожу взгляд на лежащего на спине и глядящего непрерывно на звезды Шамана.

— Нет чувства, что туда можно упасть?

— Падай.

— Что?!

— Падай, лети.

— Сердце не разорвется?

— Да. Ты же не эвелн. Начинай помаленьку, с трех-пяти секунд.

— **Все эвелны могут сразу долго?**

— **С детства все летают среди звезд часами.**

— Куда?

— Сначала по Млечному Пути.

— А потом?

— Куда понесет, позже — куда хотят.

— **Это же неописанная национальная практика! Особая внутренняя деятельность!**

— Не только внутренняя.

— Как это?

— Иногда они летают вместе.

— Как?

— Спят-летают с открытыми глазами с друзьями-подругами.

— И с любимыми?

— Само собой.

— Вот это да! Наши поэты об этом только догадываются. Получается, что **в таких внутренних деланиях мы совсем отсталые по сравнению с эвелнами?**

— В чем-то отсталые, в чем-то наоборот. Другие.

13.08.2016

Некоторые эвелны думают, что звезды — глаза предков, глядящих на нас и подающих нам знаки. Куда лететь среди глаз и знаков предков?

Мои практики полетов быстро стали заводить меня в неуютные области к необычным сущностям. И это за минуты (ставлю будильник на бесполезном здесь мобильнике — хоть какая-то польза от него, так как с детства не привык к таким полетам). Куда же летают эвелнские юноши и девушки после десятилетней беспредельной полетной практики? Понятно, что те области, в которых я застреваю, они просвистывают так, что никто и заметить не успевает. Но куда?

— Куда они летают?

— Шутишь. Мне самому за ними не угнаться.

— Но ты же наверняка практикуешь это десятки лет.

— Пойми, они это делают естественно с детства. Это часть их культуры. А я как иностранец, начавший учить чужой язык взрослым.

— Ничего. Учат же. И даже стихи потом пишут на иностранном.

— «Стихи-то»[1] и я уж могу писать. Но жить как дышать этим… И Оленя у меня пока нет.

— При чем здесь олени?

— Когда эвелн умирает, собственный особый Олень везет его в Мир Предков. А пока он просто возит тебя среди звезд.

— Мало того, что летают, так их еще кто-то подвозит.

— Мир Предков довольно далеко. Без Оленя труднова-то добраться, однако. Да и не солидно в таких священных местах свистать туда-сюда по воздуху. Серьезные Предки этого не одобрят. *(Шаман чуть улыбнулся, показывая, что не нужно доводить серьезность до фанатизма.)*

— Там воздух есть?

— Для них как воздух.

— Поля счастливой охоты?

— Поля-леса-моря-и-горы. Но это раньше. Все развивается и там тоже.

— А откуда берется этот Олень?

— Ты находишь его, путешествуя среди звезд.

— Как находишь?

---

[1] Здесь кавычками выделена метафора, понятная в контексте разговора: мастерство речи как мастерство полета.

— Этого не знаю. Говорю же, у меня по-другому.

— Может, не все находят.

— Не все сразу. Но легко узнать нашедшего.

— Как?

— Человек, который знает, как и куда отправится после смерти этого тела, становится более спокойным и бесстрашным.

— У него это на лбу написано?

— Он делает те же дела, но приглядевшись[1], чувствуешь как бы его некоторую отстраненность.

— Да, чувствовал у некоторых. Думал, что это особенность их философии, их культуры.

— В этих терминах так и есть.

12.08.2016

Одно время считалось, что созвездия и галактики удерживаются вместе суперпозицией сил притяжения звезд. Потом ученые посчитали массу звезд нашей[2] и других обнаруженных галактик — оказалось, что для таких конфигураций звезд для сил притяжения нужно примерно еще столько же массы. И тогда, чтобы объяснить устойчивость созвездий, придумали тонкую материю, не обнаруживаемую приборами (нейтрино и/или эфир). Согласно этой выдумке галактики находятся в облаках тонкой материи, и последней столь много, что весит она примерно как все видимые и невидимые звезды.

---

[1] Шаман сказал это слово, но его следует понимать скорее как «причувствовавшись».

[2] Млечный Путь.

Эзотерики тут же подхватили эту идею и стали утверждать, что наши ЭИС (энергоинформационные структуры) состоят из нейтрино и/или эфира. Хотя на самом деле развивается еще много видов материи и видов взаимодействий (сверхблизких и сверхдальних). Шаман не особо интересуется физикой-астрономией. Интересно, что он об этом думает?

— Из чего состоит Мир Предков?

— В смысле?

— Ну, звезды состоят из плазмы. А Мир Предков?

— А-а. Ты про субстанцию. *(Шаман хохотнул.)* А из чего, по-твоему, состоит плазма?

— Из элементарных частиц.

— Дальше.

— Из энергоинформационных структур.

— Дальше.

— Не знаю. Некоторые ученые думают, что из какой-то первичной тонкой материи.

— Дальше.

— Все. Она первична.

— Философская беспомощность. *(Шаман плюнул в откатившийся уголек точно и ловко, как приблатненный пацан из моего детства в Магадане 60-х годов прошлого века.)* Назовешь что-то первичным и, типа, ответил на все вопросы.

— А что там дальше?

— **Первичная тонкая субстанция и состоит из Миров Предков.**

— Наших предков?

— *И наших, и ваших.* Из всех миров всех предков всех времен и размерностей.

— Ты говоришь о Ноосфере Вселенной?

— В твоих терминах — да.

— Но Ноосфера только часть Вселенной.

— Это в частичных текстах у твоего Вернадского часть. А вообще-то это первичное зерно Вселенной.

— Что значит — в частичных текстах у Вернадского?

— Думаю, он знал про зерно. И, возможно, писал об этом. Но публиковать тогда не мог.

— Ты знал Вернадского?

— Я сам — Вернадский. *(Шаман улыбнулся.)*

— А говорил, что ты — Гурджиев. *(Смеемся.)*

— Вообще-то я — Ворон. И мельник, конечно[1].

(Хохочем вместе.)

13.08.2016

Синее небо с облачками у горизонта. Ярко-белое солнце. Высоко в синеве кружит, не двигая крыльями, черный силуэт орла. Красиво. «Еще красивее было бы описывать круги с солнцем в центре», — лениво подумал я и представил себе это. Орел чуть качнул крыльями в знак согласия и, не торопясь, передвинулся. Теперь он кружил именно по представленной мною траектории. «Спасибо, красота. Но если это мешает охотиться, двигай на прежний круг». Орел опять чуть качнул крыльями, на

[1] По контексту поэмы А. С. Пушкина «Русалка». Про «Я сам — Ворон» и др. см. в предыдущих книгах разделы «Хохот Ворона», «Хохот Медведя», «Снежный человек».

пару мгновений исчез в ярком диске солнца и вернулся на прежнее место.

«Вот так и Мир Предков творит всю Вселенную». Концепция ума (хотя ум там — не Мир Предков) как первичного зерна не была мне совсем незнакома. Что-то похожее я знал? Или это узнавание раннего знания? Долго думал, вспоминал похожее, нашел.

— Твоя концепция похожа на гераклитовскую.

— А что у Гераклита, *лектор?*

(Я уже давно научился у Шамана пропускать иронию, чтобы не отвлекаться от содержания.)

— У него — **Разумный Огонь** — типа: все пришло и все уйдет в этот Огонь[1].

— Интересная метафора. А сам Разумный Огонь у него откуда взялся?

— Неизвестно. Может, он и знал, но мало фрагментов работ сохранилось.

— А время у него циклично?

— Неизвестно.

— А-а, так это та же первичная субстанция античных греков или Древней Индии и Китая. Огонь или Воздух, Земля или Вода. Даже Дерево или Железо. Дело вкуса.

— Время здесь не так важно?

— Время здесь — главное. **Вселенский Мир Предков замкнул время, чтобы оно не кончалось.**

— Так это постоянное повторение?

[1] Гераклит Эфесский. Фрагменты. О природе. М.,1910.

— Опять ты мыслишь одномерно. **Есть замкнутые структуры времени как страховки безопасности.** Как сохранение вариантов игры на компьютере. И **есть точки роста, как почки на ветках, от которых Вселенная растет незамкнуто в любых направлениях.**

— А где находятся эти замкнутые и разомкнутые структуры-проекты?

— Везде, здесь и там, в тебе и во мне, в самих себе.

17.08.2016

Если долго смотреть на небо, увидишь спутники и метеориты. Спутник выглядит как звезда, быстро проходящая по небу среди неподвижных звезд. А метеорит — как неоконченный недлинный звездный прочерк по небу.

Еще через некоторое время кажется, что спутники и метеориты — гармоничные жители звездного неба, только редкие и другие. Хотя знаешь же, что это не звезды, но небо без спутников и метеоритов было бы победнее. Как социум без некоторых неординарных личностей.

— В Мирах Предков каждый — отдельная личность?

— Там нет такого понятия.

— А как же предки себя осознают?

— Активной сущностью.

— Так это и есть личность.

— Личность здесь — набор ценностей, ролей для общества и правил. Сам знаешь лучше меня. А там каждый — творец и общего мира, и общества. И постоянно меняет ценности-правила-роли и многое другое.

— Что может быть другое?

— Помнишь, мы говорили о существах, у которых меньше или больше чувств[1] и времен, чем у нас?

— Как же там жить?

— В таком состоянии, как сейчас, конечно, не сможешь.

— А ты, типа, сможешь.

— Я более готов, но в этом теле — нет.

— А в каком теле?

— Лучистом.

— В нем больше органов чувств?

— Чем более сущность [одушевлена], нет подходящего слова в языке, тем больше чувств.

— То есть рыба менее одушевлена?

— У всех одна основа. Только на разных уровнях развития.

— Лучистый человек как у Циолковского-Федорова и русских космистов?

— Циолковский умный был мужик.

— Естественно, признанный гений.

— Я не об этом. *(Шаман досадливо поморщился.)* Он знал и хотел, чтобы люди жили в космосе сами, без аппаратов-скафандров. А понесло его в сторону реактивной тяги.

— Ну, неплохо же.

---

[1] Глубоководная рыба без органов зрения не может иметь представления о Солнце, Луне, людях, их деятельности и пр. У некоторых из многообразных существ, пока объединяемых для нас названиями снежный человек, русалка, леший и др., на одно или несколько чувств больше, чем у нас. См. в книге «Хохот Шамана» («Свобода Шамана»), раздел «Снежный человек» и в этой книге разделы «Дальше личности» и «Люрна».

— Может и неплохо. Но Дальний космос так не освоишь.

— А как?

— В лучистом теле.

— Наши предки освоили Дальний космос?

— Пойми, он Дальний только в этих материях-измерениях.

— Трудновато. Я же не эвелн.

— В первооснове как в нашей мысли или образе мира — и далеко, и здесь же у тебя в голове. Например, вот скала. Чтобы увидеть ее слева, тебе нужно встать пройти влево и метров пятьдесят по кромке моря. А чтобы увидеть сзади — еще дальше. Но это будет все та же скала, которую ты видишь отсюда.

— Я могу видеть все это, не вставая?

— Ты уже там был много раз. Можешь вспомнить–представить.

— А если бы я там не был, смог бы представить правильно?

— Сейчас пока нет. У тебя нет такого уровня сосредоточения.

— Путаешь меня. Так космос — наша мысль?

— Это из-за твоей привычки все мыслить раздельно. А космос — одновременно и мысль о нем, и пространство-время, и Мир Предков.

— Как это?

— Если ты разбежишься и *ударишься* о скалу своей глупой башкой, **то ты провзаимодействуешь сразу со всеми видами и проекциями скалы, независимо от того, видишь ты их или нет.**

Ночь с 17.07.2016 на 18.07.2016

Уже холодно по ночам. По небу несет рваные, темно-серые в свете оранжевой луны облака. В просветах между облаками и черными ночью ветвями березы видны звезды. То видны, то их закрывают облака. Погода, наверное, нелетная. Так взлетишь к звездам и не сядешь когда захочешь. Кружись потом там и жди просвета. Не взлетаю. Лежу, думаю, куда может привести многолетняя практика звездных полетов?

Похоже, что эвелны, летая среди звезд, развивают у себя лучистое тело. Вернее, только дети. Взрослые слишком практичны и слишком заняты этими телами. Но годов детско-юношеской практики все-таки хватает, чтобы сразу отправиться после смерти физического тела в Мир Предков уже в лучистом теле.

А мы, в своем снобизме, считаем их культуру отсталой? Вдвое дольше тянем в своих уже поношенных в старости и потравленных лекарствами и сублимированной пищей телах. И какими практиками при этом занимаемся? Конечно, среди семи миллиардов наверняка есть достойные люди с достойными практиками. Но большинство...

— Как развивать у себя лучистое тело?

— Летай, чувствуй и обдумывай это.

— Но это летом вне города. А в городе можно?

— Ты же горожанин. Вот и занимайся городскими практиками. *(Шаман опять, по своей привычке на всем развлекаться, начал подшучивать.)*

— Какими?

(Нужно отдать должное некоторым умениям Шамана. Он почувствовал в моем голосе раздражение и спокойно ответил серьезно. Словами. А перед этим как бы передал мысленно: «Ну-ну, не надувайся».)

— Например, воображай его.

— Так я не могу, не знаю этой первосубстанции. У меня будет образ какого-нибудь плазменного тела.

— Неплохо для начала. Только без фанатизма, обдуманно.

— С чего предупреждаешь? Я что, подросток какой-то бездумный?

— Чтобы ты записал это для подростка бездумного.

— Так, может, не писать? А то потом навесят.

— Так, может, ножи кухонные или топоры в магазинах вообще не продавать? А то производителю или продавцу «потом навесят». Не бойся.

21.08.2016

Туман. Звезд не видно. Они не за облаками. Вверху небо безоблачное, но здесь плотный туман. Думаю, толщина слоя метров сто. В принципе, туман — то же облако, водяные капельки. Кажется, что я могу видеть звезды сквозь туман и облака. Вполне достаточно, чтобы летать. Или не кажется? Впрочем, я знаю, что звезды есть, и знаю, как они здесь расположены. Закрою глаза и вижу. Знание звездной карты местности позволяет летать. Знание!

— Откуда эвелны вообще знают про Мир Предков?

— Когда мы рождаемся в этих телах, в душе сохраняются частички знаний первооснов. За тысячелетия они сложились в мозаику. Не очень-то правильную, но есть и фрагменты истины.

— Как же они сложились в прошлом, если мы можем переродиться только в будущем?

— **Опять ты все путаешь из-за своей привычки к ограниченной сегодняшней систематизации. Из Мира Предков можно возродиться в любом времени. Например, на тысячу лет раньше этой жизни.**

— То есть мое следующее рождение может быть раньше этого?

— *Легко.* **В любом времени.**

— А как же развитие, эволюция?

— В чем тут противоречие? Ты должен знать, что развитие нелинейно.

— Знаю, но нелинейность во времени… непривычно.

— Тренируй бестрепетность ума.

— Как бестрепетность сердца?

— Угумм.

Философия Шамана

Вопрос читателя: *Откуда чувствуется магия в тексте?*

Ответ: *Это не магия в ее сложившемся понимании. Это чувствование некоторого большего знания. В каждом из нас есть более или менее выраженное чувствование истинного знания и стремление к нему.*

Ответ на вопрос о понятии «Мир Предков» у эвелнов

Полярными ночами, если есть запасы на зиму или охотники-рыбаки просто уверены в себе (что добыча при необходимости будет), дел не так уж много. Эвелны часто собираются в общественной яранге или иглу и обсуждают повседневные и космогонические проблемы. Такие посиделки-разговоры они любят, пожалуй, еще больше, чем русские.

Развивающееся у эвелнов понятие «Мир Предков» становится все более сложным (отчасти под влиянием Шамана и, может быть, моим влиянием).

Возможно, вначале оно было обусловлено восхищением и любовью маленького ребенка к, как ему казалось, совершенным и всемогущим Родителям. Потом (по аналогии) – к еще более совершенным и всемогущим Предкам Предков и, в пределе, – к Перворoдителям всего (например, Отцу-Небо и Матери-Земле).

С развитием образования (и, соответственно, мировоззрения), когда эвелны узнали больше о космосе, других религиях, науке и культуре, понятие «Мир Предков» также вышло за пределы Неба и Земли. Мир Предков «переселился» в трансцендентный (очередной в цепочке воплощений, равноправный с нашим и другими) мир, а понятие о Перворoдителях стало понятием для объяснения порождения всего в космосе (например, Отец-Свет и Мать-Пустота).

В обсуждении с некоторыми эвелнами они говорили об явленных атрибутах Третьего (космоса), что совпадает с диалектической схемой «тезис-антитезис-синтез». Но сами общие атрибуты Третьего (да и Первого-Второго) я пока лишь смутно чувствую, не понимаю до уровня возможности описания.

Кажется, речь идет не о диалектическом единстве, а о триалистическом: Двое (две сущности) порождают Третьего, а Три становится довольно устойчивой структурой. С проникновением современного искусства долгими зимними вечерами у костров в яранге начались разговоры о Пяти началах (восточная октава) и Семи началах (западная октава). Последнему также поспособствовали мои рассказы о законе октав по Гурджиеву и семи первичных Дхиан Коганах по «Тайной доктрине» Е.П. Блаватской.

Введение

Здесь я излагаю первый небольшой фрагмент философии (как оформленного в понятиях мировоззрения) Шамана. Этот пункт книги не случайно размещен именно после диалога «Звезды Шамана»: в нем Шаман наиболее сильно «проявил» космогонический аспект своей картины мироздания. Другие аспекты, соответственно, описывались или будут еще описаны в других диалогах и текстах. Надеюсь, читателю художественной литературы будут не очень утомительны эти двенадцать страниц текста. Впрочем, если утомительно, то и читать необязательно.

В первой книге «Хохот Шамана»[1] я описал почти интуитивное ощущение того, что мировоззрение Шамана является более глобальным, сложным и практичным, чем мое. Тогда (в 1997) я надеялся, что постепенно, в общении и в совместной деятельности начну понимать его сложное мировоззрение и даже частично описывать его: «Особым случаем является замещение описания объекта моделирования описанием самого процесса моделирования как организации мыслительной деятельности — ход, характерный для ситуации, когда сложность описания объекта превосходит интеллектуальные способности исследователя, но последний не отказывается от осмысленной последовательности действий по проблематизации и развитию описания модели»[2].

---

[1] Хохот Шамана. Магадан: Кордис, 2001. 55 с.

[2] Серкин В. П., Сиротский В. Е. Психосемантика: на пути к моделированию // Вестник МГУ. Сер. 14. Психология. 1990. № 3. С. 30.

Философия Шамана, конечно, проявляется в диалогах. Однако настало время изложить фрагменты этой сложной философии явно. Сам Шаман писать какой-либо текст категорически отказался, поэтому я излагаю его философские взгляды на основе своего понимания уже частично опубликованных и еще не опубликованных диалогов.

Основные мировоззренческие различия.

1. Современный человек носит одежду и живет в защищенных закрытых помещениях с искусственной средой. С точки зрения эвелнов или Шамана — почти в скафандре и герметичном отсеке. Горожанину очень трудно представить, чем отличается философия человека, родившегося и живущего в космическом корабле (и не представляющего без этого жизни) от философии человека, родившегося и живущего в открытом пространстве.

2. Философия человека, живущего в одном физическом мире, с одной стороны, и философия человека, живущего в трех или семи мирах (как сибирские шаманы) или даже в большем количестве миров, с другой. При этом очевидно, что миров еще больше, чем те, в которых побывал такой человек.

3. В некоторых тонких мирах реальность изменяется под воздействием деятельности: не только физических действий, но и мысленных, эмоциональных и образных усилий или коммуникативных взаимодействий (с «Духами») гораздо быстрее, чем в общеизвестном физическом мире. Но принцип тот же. Поэтому такой человек на основе своего опыта

лучше понимает, как изменяется мир, и частично становится сотворцом этих изменений (как и у сибирского шамана, влияющего на больного или на погоду путем действования в тонком мире).

4. Опыт творчества и сотворчества изменений ведет к пониманию единства (системности) всех изменений. Такой человек понимает, что действуя, он изменяет и предмет воздействия, и весь мир, и себя как деятеля (и физически, и свое сознание), и саму свою деятельность[1]. Поэтому довольно быстро возникает понимание ответственности (в коммуникации с некоторыми Духами и другими сущностями не солжешь) за свои действия и стремление не предпринимать неправильных и ненужных действий.

Идеология. Идеология нужна, чтобы обосновать иерархические отношения (например: главенство среди древних городов-государств, стратификационные отношения, «этичные» оправдания неэтичных действий и пр.) или, иногда, для сотрудничества и кооперации. Люди, подобные Шаману или, например, эвелнам, проживающим вне конкуренции за территории и ресурсы, не нуждаются в иерархических отношениях племен или поселений. Соответственно, им не нужна никакая идеология, и в их философии нет идеологической составляющей. Возможно, при выживании человечества и продолжении тенденции освоения космоса с помощью внешних материальных средств и, тем более, развития «лучистого че-

[1] Подробнее см. Приложение 4 «Деятельностная теория сознания».

ловека»[1] через некоторое время при избытке физических пространств-времен и ресурсов опять разовьется внеидеологическая философия.

Гносеология. Другая «система познавательных процессов» (другие возможности памяти, другое мышление, восприятие...) показывает «другую реальность», в которой, возможно, существует «другая культура». То же относится к способам и инструментарию опосредствования, то есть к построению другой структуры высших психических функций.

Существуют следующие источники познания: 1) традиционное житейское и научное познание и обучение; 2) открывающиеся в практической деятельности отношения и явления реальности; 3) частицы Вселенского знания, сохранившиеся при рождении в этих телах[2]. Эти частицы постепенно накапливаются благодаря сохранению знаковых (языковых) текстов и передач и складываются в различные узоры-мозаики; 4) «подключения» к различным уровням разных ноосфер; 5) диалоги с другими сущностями; 6) самопроявление знания, происходящее благодаря проявлению системных качеств уже сложившейся системы знаний (синергетические эффекты знания, диссипативные структуры знаний, аутопозис знаниевых структур и пр.); 7) созвездия несут важную информацию, однако она различна

---

[1] По К.Э. Циолковскому.

[2] Часто встречающийся факт появления нового знания как припоминания (знание вдруг осознается как уже существующее в сознании) Шаман считает одним из доказательств предыдущих реинкарнаций. Я как психолог интерпретирую этот факт чуть по-другому (см. Приложение 4).

в разных географических регионах (то есть ее нужно «собирать» в систему по всей планете) и в разные исторические времена (то есть также нужно «собирать» в систему во времени, в поколениях).

Полный «малый» цикл космической информации транслируется в период примерно 26 000 лет. Если какая-либо цивилизация (и культура) сможет «собирать» звездную информацию во времени и в пространстве хотя бы одной-двух планет 26 000 лет, то такая цивилизация имеет много шансов перейти на «большой» цикл получения информации.

Мир познаваем, особенно путем интеграции знаний разных исследователей (признанными в науке методами и методами постижения) и практик. Но мир — процесс, поэтому знания постоянно «устаревают»[1] до нового цикла витка спирали развития (в том числе знания о физических константах, субъекте познания и пр.) и требуют обновления. Нерешенные пока познавательные задачи: закономерности изменения знаний, закономерности изменения мира, закономерности изменения физических «констант».

Онтология, космогония, время. Зерном (первоосновой, проектом[2]) Вселенной является Вселенская ноосфера (у Шамана — Мир Предков), состоящая из неосознаваемой и сознательной деятельности всех живущих,

---

[1] Для нас. На большем отрезке времени знания становятся релятивными и более диалектичными. См. подробнее Приложение 5. Простые примеры усложнения знаний.

[2] Абсолюта.

живших и будущих (по нашей линейной шкале времени) существ[1]. Единая стержневая система мыследеятельности (мыслетворчества) Вселенной некоторыми шаманами (но не описываемым здесь Шаманом) в силу ее разветвленности и отсутствия знаний о системном подходе или по другим причинам трактуется (воспринимается, постигается) как мировое (шаманское) дерево, прорастающее через все миры[2].

Мир Предков (не путать с Абсолютом) выдумал сам себя и исчез. Так было много раз, пока какой-то из бесчисленных вариантов Мира Предков не придумал времена и пространства (мы далеко не полностью знаем свойства времен и пространств) для длительности самосохранения и развития. После этого стало возможно помыслить о предметах, ограниченных в пространствах и временах, далее — о развивающихся телах, нуменах и феноменах, далее — о психиках и сознаниях таких тел, ноуменов и феноменов. Чуть позже Мир Предков (Вселенская ноосфера) замкнул[3] некоторые (не все) линии времени для сохране-

---

[1] Для научных сотрудников: в сложившейся сегодня оценке философских концепций считается, что чем более концепция антропоморфична, тем менее она объективна и философична. Отмечу, однако, что если бы в Первичном Зерне вообще не было бы антропоморфичных тенденций, то современный человек не существовал бы сегодня. Здесь мудрее был бы диалектический синтез.

[2] Подробнее см. Приложение 3 «Образ мира и образ жизни шамана».

[3] Длительность во времени обычной человеческой жизни и большинства цивилизаций столь мала, что мы воспринимаем лишь очень малый отрезок дуги временного цикла и поэтому считаем время линейным.

ния Вселенной во времени (упрощенно — как сохраненные варианты компьютерной игры). Каждая из замкнутых линий имеет точки и направления роста с тем условием, что гибель любой растущей линии (или ветви шаманского дерева) не ведет к гибели замкнутых родительских линий. Успешные — перспективные варианты развития могут изменять весь проект. Возможно, так было не всегда. Но после замыкания части временных линий в этом проекте так стало всегда.

Таким образом, время не линейно (у Шамана «кружится как метель») и не одномерно. Многомерные «метелки» временных измерений могут иногда сплестись в единый поток, но почти сразу же вероятностно распускаются в любых направлениях (в том числе и обратно), создавая многочисленные разномерные пространственные миры.

Расстояний нашего пространства-времени не существует в более многомерных пространствах. То, что нам кажется далеким (например, звезды), есть просто другие проекции того, что прямо здесь в нас. Взаимодействуя с одной из проекций, субъект взаимодействует (независимо от его знания) сразу со всеми проекциями.

Сами по себе время и пространство не являются первичными сущностями.

Человек. Человек как активная мыслящая сущность един со всей Вселенной и является ее Сотворцом. Существует «лестница развития» существ разного уровня развития. Человек находится сейчас примерно посередине лестницы. Между человеком и Миром Предков (не путать с Абсолютом)[1] примерно столько же уровней существ, как и между человеком и простейшими. Однако некоторые люди уже перешли (поднялись) критическую черту развития сознания, после которой они могут осознанно влиять на свое индивидуальное развитие и (коллективно) на развитие своего вида (Homo Sapiens). Без осознанных усилий развитие вида стагнируется, и вид как бесполезный сбрасывается (например, путем самоуничтожения или инволюции) с лестницы развития.

При зачатии, перинатальном периоде и рождении человека в его матрицы закладываются не только генетическая и биологическая (условия развития тела) информация, но и конфигурации небесных светил. После рождения значительную, вплоть до изменения дородовой информации, роль приобретают социальные взаимодействия и его собственная активность (практики).

Люди также являются Сотворцами себя и могут [настроить] себя, например, летать в воздухе, жить в глубинах вод или телепортироваться в пространстве без особого изменения внешности. Другое дело, что в иных средах наше тело не оптимально, и рациональнее его преобразовать. Выжившие люди со временем будут почти безграничными трансформерами.

То, что в современной философии и психологии называется личностью, на самом деле временное

---

[1] Почти бесконечное для нас эволюционное расстояние между простейшими и Миром Предков или между человеком и Миром Предков с точки зрения трансценденции Абсолюта неразличимо. Для него все это в одной и той же Вселенной.

и вторичное явление по отношению к сути человека, является результатом (временно подходящей формой) взаимодействия и ограничения этой сути тремя типами временных местных условий: физическими, биологическими и социальными. Направленность человека только на адаптацию к этим условиям является деградацией (подчинением человека одному из типов условий, двум из типов условий или даже всем трем типам условий). Частичная (подчинение одному-двум типам условий) или полная (трем типам) деградация через бесконтрольное потакание своим физически-биологически-социальным потребностям является предательством-деградацией первичной сути. Мы здесь для того, чтобы развить проекцию души в этом пространстве-времени, а не подчинить ее условиям этого локуса (кусочка, отрезка).

Время человек может использовать для развития самодисциплины. Если бы не было ограничений во времени, не нужно было бы заставлять себя что-то делать в срок, выбирать главное и т.п.

Для того чтобы стать независимым от времени, нужно научиться почти идеально регулировать свое время (темперирование потоков и ритмов). Когда такой уровень самодисциплины будет достигнут, человек, возможно, «перерастет» обычное время жизни. В то же время не нужно впадать в другую (рефлексивную) крайность. Необходимо помнить, что как только ты занялся самонаблюдением, ты разрушаешь естественность процесса. Поэтому полезность рациональности и рефлексивности лишь частична[1]. Для баланса нужно использовать как рациональные, так и иррациональные (подсознательные и надсознательные) ресурсы и методы организации жизни и познания.

Эволюция человека проходит количественные (например, на базе физических носителей) и качественные этапы (например, периоды смены физического (физиологического) носителя на плазменный, полевой или другие). **В общем,** развитие циклично (по **закону спирали**), **проходя этапы плотных материальных носителей, но в частных случаях** возможны другие траектории, иногда задающие новые проекты.

Этика Шамана проста и бестрепетна до некоторой жути. Не все я могу пока изложить, так это помешает принятию текста в целом. Но две полярные линии показать уже возможно.

1. Если разумные существа развиваются на основе конкуренции и борьбы за ресурсы, то линии развития такова: а) сначала одно государство, нация или группа захватывает (берет так или иначе под контроль) все доступные в данном локусе пространства-времени ресурсы (остальные постепенно вытесняются из жизни плохими условиями и массовыми воздействиями — эпидемиями, вакцинациями, фармакологией, спровоцированными войнами, информационными искажениями и пр.); б) потом в победившем сообществе выделится немногочисленная группа (элита), захватившая все ресурсы и устранившая всех дру-

---

[1] Чем «чище» лабораторный эксперимент в психологии, тем более экологическая валидность исследования стремится к нулю.

гих; в) в пределе останется один очень развитый и опасный субъект, захвативший все ресурсы и поглядывающий на другие локусы пространства-времени.

2. Если развитие идет на основе любви и кооперации, то в пределе выстраивается довольно плотно сплоченное сообщество (единство, сверхорганизм). В таком сообществе все субъекты (сохранение субъектности) сотрудничают на благо сообщества и любят друг друга.

3. Ни одна абсолютно чистая линии не может развиваться. Вопрос не об отсутствии одной из линий, а о приоритете. Например, сотрудничающее сообщество должно быть достаточно сильным, чтобы противостоять единичным опасным сверхсубъектам из соседних локусов пространства-времени. А таковые субъекты вынуждены будут сотрудничать (то есть кооперироваться все плотнее) с аналогичными, чтобы, например, противостоять силе объединяющихся развитых сообществ.

Идеи порождаются Миром Предков, но разрабатываются и развиваются в разных материальных мирах. В том числе и в нашем. Одно из предназначений таких существ, как человек, — воплощение (разработка в различных благоприятных и неблагоприятных условиях) идей (хотя бы в текстах). В силу разного строения (и физического, и психического) разные люди воплощают разные идеи.

Часть людей (бо́льшая) живет по стандартным накатанным проектам человеческой жизни. Их жизнь более «понятна» и легка психологически. Другая часть людей реализует менее стандартные или вообще нестандартные варианты жизни, что приводит их к столкновению с большим количеством трудностей. Еще меньшая часть людей пытается при жизни самостоятельно порождать новые идеи. Наградой является ускорение эволюционирования.

В осуществленном (полностью реализованном) виде человек, как исполненная совокупность телесных проекций себя[1], присоединятся к Миру Предков (целому).

[1] Не только физических, но и плазменных, энергоинформационных и других.

Новые рецепты и способы

Во всех своих текстах я описывал различные способы выживания, питания и обустройства в экстремальных условиях Охотского побережья. Добавляю здесь несколько новых (не описанных в предыдущих текстах) способов.

Костер

1. Хорошей растопкой являются сухие шишки.

2. Не раз видел, как в сырую погоду люди мучаются с разжиганием огня посреди хвойных деревьев или кустов кедрового стланика. Смола — горючее в любую погоду (для разведения огня). Любые ветки, смазанные смолой (стланика, лиственницы или других деревьев), являются хорошей растопкой.

3. Чаще всего человек сидит или стоит лицом к костру (красивее ночью, нужно следить за огнем, котелком и т.п.). Осенью-зимой-весной в такой ситуации спереди тепло, а спина мерзнет, особенно из-за того, что одежда при сидении-нагибании сбивается-топорщится на пояснице.

Чтобы уютней было сидеть, можно просто надеть на спину пустой рюкзак. Рюкзаки про походах с ночевками всегда достаточно длинны и надежно прикроют поясницу.

Кроме того, при прислонении спиной к опоре (скале, дереву и пр.) рюкзак обеспечивает некоторое время термоизоляцию. В этом случае для тепла и мягкости можно положить в рюкзак что-то легкое. Для создания прослойки между спиной и опорой можно положить в рюкзак несколько веток.

4. В холодное и прохладное время года костром без отражателя (навеса) или второго костра обогревается лишь часть тела, обычно спереди. Сооружать второй костер или отражатель не всегда удобно из-за затрат времени, дров и из-за дыма (увы, отражатель или второй костер также всегда увеличивают количество дыма). Приходится вертеться, сидеть неудобно и опасно спиной или боком.

Помогут два плоских камня, нагреваемых у огня (не слишком, а то горячо). На одном камне вы сидите (лучше с «подушкой» на камне из веток и т.п.), второй греется. По мере остывания (это не быстро) камни меняются местами.

Питание

1. Уже писал, что многие почки лиственных деревьев (и зимой) съедобны и являются источником витаминов.

Добавлю, что много их не съешь, так почки «вяжут» (например, осиновые) или горчат. При отсутствии другой пищи или как добавку в рационе почки нужно по возможности очистить и распарить в котелке, после чего они похожи на своеобразную кашу.

2. Смола также является источником витамина С, если ее немного растворять в чае (кипятке).

3. Уже и по ТВ стали показывать, что жирных личинок (обычно можно найти под корой деревьев) можно поджарить и использовать в пищу. Но почему-то в экстремальных ситуациях люди редко используют этот способ.

4. Также можно использовать как источник белковой пищи яйца муравьев. Можно прямо так. Невкусно, но привыкаешь в экстремальной ситуации.

5. Один знакомый эвелн при долгом перерыве без еды жует, как олень, ягель. Он говорит, что делает это с детства и уже съел за свою жизнь не меньше, чем олень. Ягель, кажется, смесь гриба и лишайника. В нем, конечно, белки есть. Но лучше начинать пробовать с очень малой дозы.

6. Если вы подошли к большой реке, где идет лосось, и у вас вообще нет никакой снасти, то выложите из камней стенку у берега под углом примерно от 40 до 60 градусов по течению. Лосось идет против течения, заходит в вашу «бухту-воронку» в широком месте и идет вдоль стенки. У самого берега оставьте в воде проход глубиной и шириной чуть больше самой рыбы. Лосось не любит поворачивать назад и полезет в этот проход, где вы сможете взять его руками (под жабры), острогой из толстой прямой ветки, рубашкой и т.п.

В хижине

1. Для борьбы с появляющимися (увы, с иногда странными гостями, соседями, привезенными на судне запасами и пр.) тараканами или клопами можно окуривать хижину полынью, можжевельником, хвоей, пижмой (что есть) и жечь смолу. Это также помогает от комаров.

2. На период смены обуви (для сушки, отдыха ног и пр.) можно изготовить тапочки или шлепанцы из выбрасываемых на побережье пластиковых бутылок. Для изготовления тапочек достаточно срезать удобно (для просовывания ноги) бок пластиковой бутылки. Противоположный бок (подошва) можно размять силой или с помощью нагревания, для придания более плоской формы.

Если надевать такой тапок на шерстяной носок, то он помогает на холодном полу хижины дольше удержать тепло.

3. Как-то гостья (сама бывала в экспедициях) спросила меня с некоторым психологическим удивлением:

— Почему ты так мелко крошишь картошку? Мельче, чем женщины-хозяйки.

— Чем мельче ты покрошишь картошку, тем меньше потратишь дров на ее варку. А покрошить картошку гораздо легче, чем собрать дрова.

— Да-а. Тебе надо книгу о таких мелочах написать.

— Да, надо собрать рецепты из разных книг в одну брошюрку.

4. При отсутствии посуды можно найти камни с выемкой и постепенно поддалбливать их до формы емкости. Можно в таких камнях подогревать воду, но они иногда трескаются.

5. В берестяном сосуде можно кипятить воду, опуская туда раскаленные камни.

Лечение

1. Угли из плавника, деревьев и кустов на побережье всегда чисты от всякой химии. Их смело можно использовать для фильтрования воды. Чистую золу можно использовать как лечебное средство или для изготовления мазей. В смеси такой золы и соответствующих растений их целебные свойства некоторое время сохраняются, а мазь держится на коже или ране гораздо дольше вытяжек и примочек.

2. Курильский чай (обычно большое скопление желтых цветов) на скалах побережья можно использовать для изготовления отваров от простуды и гриппа. Лучше все же посмотреть по атласу поточнее, как он выглядит.

К воде нужно готовиться

06.08.2013

На одной из наших летних стоянок нет воды. Вообще ничего нет, ни дров, ни кустов, ни мхов, только скалы и камни. Ходим туда иногда для летней практики. Даже оборудовали немного места.

Воду носим с Шаманом на себе из ручья минут за тридцать до стоянки (в гору, конечно). Не так уж далеко, но каждому по две бутыли в пять литров по кустам и осыпям — чувствительно. Для умывания заливаем воду в перевернутую пластиковую бутыль. Отвернешь совсем чуть-чуть крышку, и вода льется тонкой неровной струйкой.

Моюсь экономно и по времени недолго. Но воды всегда уходит больше, чем у Шамана.

— Как ты еще экономишь?

— Измени советскую привычку.

— Какую?

— При Советском[1] плата за воду была символической, никто не экономил. Вот и нет привычки.

— Я экономлю. Струйка тонкая, моюсь, мягко говоря, не вволю и побыстрее.

— Другие привычки, автоматические.

— Какие именно?

— Посмотри на меня и сам решишь.

Утром увидел различия: а) Шаман сначала открывает тюбик с пастой, наносит пасту на щетку, потом открывает воду и смачивает щетку. А я — наоборот, сначала открывал воду; б) Шаман сначала закрывает воду, а потом тюбик; в) Шаман сначала смотрится в зеркальце, снимает футболку и т.д., и т.п. Короче, **он готовится к открыванию воды.** Мелочи, но они дают в день от трех до семи минут ненужного слива. А за трое суток — бутыль (которую на горбу несешь) или больше. Это полезно и в городском квартирном хозяйстве.

---

[1] Шаман именно так говорит, персонифицируя неизвестно кого. Например, цитирую: «Советский хитро придумал — холодильник. Это решило проблему на лето». Он все меряет временными мерками своей жизни (Царский, Советский, Нынешний и пр.). Например: «Этот тракт (от Якутска до Охотска) еще Царский пробил». «Компьютер при Нынешнем появился» и т.д.

Все это также тривиально, как и ходить быстрее среднего, не стоять на эскалаторе, обуваться стоя и пр. Но именно совокупность таких мелочей делает нас подтянутее.

Еще немного о практиках: раньше Шаман чаще отвечал, а теперь чаще говорит: «Смотри». Но! Чтобы «посмотреть», нужно быть в состоянии сформулировать вопрос, если нужна помощь.

Походный быт

1. Если плохо с водой, а рядом есть муравейник, то он пригодится для чистки тряпок, носков, посуды и др.

2. Линзу можно изготовить из пресного льда (оббивать и шлифовать ладонями).

3. В солнечный день некоторые рыбаки используют для разжигания трута небольшую лупу. Слышал, но сам не пробовал; что один человек сделал при отсутствии спичек линзу из выпуклого стеклышка от часов и воды.

4. При отсутствии средства от комаров можно намазать лицо и другие части тела грязью, чтобы образовалась корочка. Корочка частично обобьется во сне, но все равно мук гораздо меньше. Можно также пожевать хвойные иголки (еще и полезно против паразитов в кишечнике) и намазать этой смесью или просто натереть хвоей лицо и руки (поможет, но недолго).

5. Китайская капроновая рыболовная сетка (стоит копейки, продается везде, почти ничего не весит, если метра два) или просто походная сетка, надетая на ночь между телом и рубашкой или под джинсы-штаны, надежно защитит

во сне вашу спину, плечи, попу от насекомых. Комары просто не достают до тела.

6. Вечером, уставшие в пурге, старайтесь устроить ночевку на берегу реки или моря, ввиду вершины и т.п. Тогда утром сможете сориентироваться.

7. Однажды далеко от города деформировалась обувь. Сильно стер ногу. Отдохнув, утром стал размышлять о том, как облегчить ходьбу. Смазал натертое место стрептоцидной мазью, тщательно заклеил полоской лейкопластыря так, чтобы край полоски был выше задира обуви. Однако предполагал, что лейкопластырь будет содран складкой ботинка. Чтобы лейкопластырь дольше продержался, смазал его остатками рафинированного растительного масла, надел носок. Соответствующий внутренний участок обуви также смазал растительным маслом.

К моему удивлению смазанный снаружи лейкопластырь довольно безболезненно скользил по носку и участку обуви, не задираясь. Так я с гораздо меньшими, чем предполагалось, муками и травмами за день дошел до города.

8. Если ставите зимой палатку надолго, то нужно найти относительно ровное место, втыкая в снег шест. Вырыть яму (площадь) до земли и убрать ягель — иначе он пересохнет и станет огнеопасным.

9. Эвелны плетут силки из оленьих жил. Если оленя нет, можно для этого использовать сухожилия из задних ног зайца.

10. Если нет материала для сети, ее можно сплести из перекрученной лозы. Даже лосось не порвет.

11. Из выброшенной волнами 5-литровой бутылки зимой (если приберегли с теплого времени) легко сделать

шлем в виде буденовки от сильного холодного ветра, пробивающего любой капюшон. Никаким ветром такой шлем не пробьет. Срезать дно или верх (кому как нравится) и, не до конца, одну из сторон[1] (иначе простая бутыль на голову не налезет). Надевать целой стороной на сторону ветра. От запотевания и для дыхания крышку лучше отвинтить[2].

При многоразовом использовании и для удобства закрепления-откидывания можно сделать дырки и продеть в них тесемки. «Шлем» лучше мерять-готовить в тепле, так как на индивидуальную подгонку-мудрствование (под капюшон — на капюшон, на шапочку и т.д.) в первый раз у вас уйдет минут пятнадцать.

Чтобы шлем не занимал в рюкзаке много места, в него укладывают разные вещи-продукты.

---

[1] Если вам повезет и попадется бутыль больше стандартной, которая свободно надевается на голову без среза одной из сторон (такие иногда выносит), то ее нужно хорошо промыть (вдруг химия), срезать только дно, а на смотровой стороне сделать вырез для глаз и, по мере надобности, вентиляционные вырезы.

Крышечку обязательно снять для вентиляции, шапочку под шлемом надвинуть вперед, чтобы лицо не касалось пластика. Все это читается и представляется образно в квартире даже несколько смешно, но в жесткий встречный ветер при морозе вы не раз порадуетесь своему шлему.

[2] И чтобы пар выходил, когда «кипит наш разум возмущенный» (из анекдота).

Вопросы и ответы 2010–2016

Как вы относитесь к тому, что Карлос Кастанеда да и признанные сегодня более великими учителя и пророки умерли? Не доказывает ли сам факт их смерти ложность их учений?

Про «признанных более великими» умолчу, чтобы не оскорблять ничьих чувств. Тут два направления ответа: а) является ли жизнь в этом теле такой уж абсолютной ценностью; б) в нашу эпоху специализаций (она заканчивается, но мы сегодня в ней) даже если человек что-то знает-придумал или контролирует — вряд ли следует ожидать, что он знает и контролирует все. Спасибо за то, что поделился тем, что у него было, то есть способствовал всеобщей сборке знания[1].

[1] Подробнее см. здесь раздел «Философия Шамана», пункт «Гносеология».

Дон Хуан у Кастанеды утверждает, что, находясь в одном состоянии сознания, невозможно вспомнить себя в другом состоянии, так как точка сборки в другом месте. В вашей научной концепции сознания это возможно. Как вы объясните это противоречие?

Здесь или ошибки перевода, или автор ошибается. Я рассматриваю сознание не как совокупность разрозненных состояний, а как совокупность состояний человека, связанных воедино его деятельностью. Допустим, вы не помните чего-либо, но остаются результаты вашей деятельности. Глубоко анализируя их, вы сможете вспомнить все. Кстати, именно так и делают Дон Хуан и Кастанеда, пытаясь сдвигать «точку сборки». Для этого есть определенные действия. Просто они неосознанно разделяют действия и сознание, поэтому у них получился разрыв и в концепции сознания. Другими словами, «у них нет одной вешалки для разных состояний сознания». В моей теории сознания такая «вешалка» есть — это деятельность человека[1].

Не является ли «гимнастика для браконьеров»[2], которую вы разработали для сохранения и развития сексуальной функции, разновидностью движений «Тенсегрити»?

Нет. Насколько я знаю, движения Тенсегрити предназначены для накопления силы и энергии. Это, кстати, также способствует развитию сексуальных возможностей, как и лю-

---

[1] Серкин В. П. Деятельностная теория сознания // Психология. Журнал Высшей школы экономики. 2015. Т. 12. № 2. С. 93—111. См. Приложение 4.

[2] См. в книге «Хохот Шамана» («Свобода Шамана») в Приложениях. «Вариант помощи при невротической импотенции».

бая невредная гимнастика. Если верить Карлосу Кастанеде, то работа по накоплению энергии позволяет сфокусировать внимание на энергетическом теле, то есть помогает продвигаться к тому, что называется «видение».

«Браконьерская» гимнастика была придумана для более простых и конкретных целей: психологического воздействия (укрепления уверенности в себе) и работы с зажимами мышц и [каналов Праны], обусловленными профессиональным образом жизни (на физическом уровне: холод, сырость, железо, определенные физические нагрузки, движения и позы и пр.; на психологическом уровне: определенный и ограниченный круг и стиль общения, темы и пр.). Я еще при написании докторской[1] начал исследования профессионального образа жизни разнотипных профессионалов и, конечно, использовал эти знания при составлении специальной гимнастики. Такие свои разработки я называю «профессиональными гимнастиками».

Некоторые пишут, что я критикую Кастанеду. Не критикую. Нет оснований, так как я не осуществлял все описанные им практики. Я просто описываю некоторые различия.

Более того, к работам Кастанеды отношусь с большим уважением и в молодости пробовал часть описанных им техник.

При взаимодействии с Шаманом оказалось, что он гораздо лучше меня может осуществлять многие описанные

---

[1] Серкин В. П. Структура и функции образа мира в практической деятельности. Дисс. … докт. психол. наук. На правах рукописи. М.: МГУ им. М. В. Ломоносова, 2005. 356 с.

у Кастанеды практики (сновидения, сталкинг, пересмотр), только называет их по-другому. Шаман помог мне усовершенствовать эти практики, но я пока не могу понять их методологическую основу по Шаману.

У Кастанеды многое делает союзник. Что вы об этом думаете?

Здесь уж точно ничего нового. Еще в русских народных сказках типа «Иван-Царевич и Серый Волк» почти все делает союзник.

У эвелнов, получается, побольше союзников? И Кит, и Медведь, и Ворон.

У всех народов, когда они были ближе к природе, было больше союзников.

Домашние животные могут быть союзниками?

Они и так союзники, если любят хозяина. Но это союзники-приживалы. У них часто (но не всегда) мало силы.

Почему?

Животное, у которого хватает сил жить самому, будет жить на свободе.

Как мне получить союзника?

Почитайте внимательно русские сказки (они вам ближе) и сказки народов мира про союзников. Там описано, как союзник появляется (когда человек берется за решение проблемы). Иногда во сне.

В современном мире человек часто пугается и вместо сотрудничества пытается убежать от союзника или убить его. Если бы, например, Иван-Царевич вместо сотрудничества испугался и попытался убить Серого Волка, «сказка» пошла бы совсем по-другому.

В связи с продолжительностью полярной ночи, суровыми погодными условиями и определенным свободным временем существует ли аутентичная культура спортивных, интеллектуальных, настольных и других игр, принадлежащих данной культуре, или только Шаману?

Существует и описана во многих этнографических источниках. Я думаю, что фрагменты этой культуры могли бы быть полезны во многих современных ситуациях и профессиях (космонавты, рыбаки, моряки, полярники, геологи и др.). Это может стать темой целой научно-прикладной разработки для дипломников и даже аспирантов. Спасибо вам за этот вопрос.

Но вот именно для суровых условий Севера?

Может быть, Вы не знаете, но существует довольно много описаний таких упражнений. Наберите в поисковике «Игры и упражнения народов Севера». Я не могу сейчас тратить время, описывая то, что есть в общем доступе.

Среди ваших «прототипов» были ли шаманы, целители?

Да, я немного напишу об этом.

Как «собирать действия как бревна для дома» для своего проекта?

Про бревна — не совсем удачная аналогия. Проект сразу недостижим из-за нехватки ресурсов (времени, энергии, воли, понимания). Но можно ставить хотя бы маленькие промежуточные цели и достигать их иногда. Только действие должно быть законченным. Незаконченные действия не идут «в зачет». Со временем такая практика станет привычной (интериоризуется) и сама поведет вас к реализации проекта.

Является ли с точки зрения Шамана правильным мой, так сказать, домысел о том, что Мир (система, вселенский разум, матрица, хоть горшком, как говорится) предоставляет человеку необходимое в процессе достижения цели, если тот действительно готов действовать? (Например, человек обучается чему-либо в процессе либо «случайным» образом знакомится с тем, кто уже умеет и готов научить.) Если да, то возможно ли перенести правило, так сказать, приходящих в процессе умений на другие ресурсы (временные, материальные), необходимые для достижения цели?

В обыденном сознании цель — представление о результате. А в контексте вашего вопроса я думаю, что на обычные «цели» человеку необходимо планировать материальные и временные ресурсы. Вы попытались сформулировать «правило достаточности». В обычной обстановке оно действует только при наличии материальных ресурсов или времени для их создания. В особых состояниях сознания, когда Цель совпадает с [потоками мира], ресурсы приходят попутно.

Есть два конкурирующих мнения, две ключевые стратегии поведения в ситуации недостатка информации: 1) «Если не знаешь, что делать, – не делай ничего», 2) «Если не знаешь, что делать, – делай шаг вперед». Какую из них Шаман счел бы верной? Если какую-либо третью, то какую?

Шаман бы действовал по-разному в разных ситуациях. В вашем вопросе есть стремление к упрощению мира — «найти один рецепт для всех ситуаций». Это серьезная ошибка.

Как начинать работать над идеей самого себя?

Это нужный вопрос, потому что, к сожалению, многие читатели понимают эту работу как работу только с физическим телом. Нужно помнить, что физическое тело — лишь часть системы. Не может быть так, чтобы, например, половина яблока испортилась, а вторая половина долго оставалась хорошей. Также не может быть хорошего долговечного физического тела при плохом психическом и духовном состоянии.

Для полноценной работы над идеей самого себя нужен не только образ физического тела, но и проработка психического и духовного состояния.

Начинать лучше по четырем базовым экзистенциальным мотивациям (см. в Сети). Но это лишь первый шаг. Второй — думать о путях развития.

Как начинает формироваться сущность человека? Как мог сформироваться Шаман?

Об этом пытался думать Аристотель. Кратко по его работам я понимаю это так. В окружающем содержится возможность формы, которая затем переходит в реальную форму (предмета, животного, человека...). То есть форма всякой вещи потенциально уже содержится в других вещах.

Современным языком: сущность (энтелехия) человека сначала находится в виде потенций его активности (наверное — перевоплощающийся на разных носителях– людях (или не только людях?) поток), а затем переходит в человека благодаря его деятельности. А Шаман — собирательный образ, литературно-художественный.

Вы занимаетесь изучением шаманских практик, но вокруг шаманизма ходит немало легенд. И отношение в обще-

стве к шаманам неоднозначное. Христиане до сих пор считают шаманские культы порождением темных, даже сатанинских сил.

Это проблема межконфессионального взаимодействия. Большинство религиозных деятелей, кроме фанатиков, проявляют терпимость к другим религиям. Но проблема все равно имеет остроту, и даже в рамках конференции возникали дискуссии, как могут соседствовать православная религия и шаманизм или буддизм и шаманизм. Между тем шаманизм — это самая древняя форма религии, существующая более 60 тысяч лет. Необходимо наладить диалог.

Расскажите о своих впечатлениях от общения с бурятскими шаманами.

Первый вопрос, который они мне задали: где и когда я проходил посвящение. Сразу оговорюсь, я не шаман и посвящения не проходил. Но этот вопрос говорит о том, что у них есть какая-то профессиональная организация. И само открытие шаманского центра свидетельствует об их профессионализации. Это совершенно новое явление, которого раньше не было.

Была встреча с читателями в Музее кочевых культур. Меня спросили: «Правда ли, что в этих суровых местах человек может обеспечить себя пищей на год за 10–15 дней?»

Я ответил: «Да, много раз это видел».

Но ответ был не полон. Нужно не тупо пахать 10 дней, а знать — где, когда и как. В хорошем место можно и за 1 (один!) день «начерпать» сачком 365 кг мойвы (по кг на каждый день года). Или взять столько же лосося сетью. Это любой магаданец подтвердит.

Но человек же не будет есть весь год одну рыбу.

Поэтому — с умом. Витаминов и белков полным-полно, а углеводов — не хватает. По полмешка риса, муки и сахара на первый год (пока нет опыта) решат многие проблемы.

В ваших книгах несколько раз проскакивает мыль, что эвелны более развиты, чем мы. Можете пояснить?

В одних отношениях более развиты, в других нет. Древний чукча в полярной ночи тратил большую часть времени и энергии на добывание света, тепла и пищи. И с чрезвычайным трудом «вырывал» время и энергию для гностического (не путать с гносеологическим) познания и духовного развития. То же — другие древние народы, хотя и не в таких жестких условиях.

После этих сверхусилий современный человек в новом рождении всегда имеет свет, тепло и еду. Казалось бы, теперь-то он совершит громадный рывок в развитии, но... Люди тратят время и энергию на различные гурманства, зависимости и извращения, карьерные склоки и борьбу за возможность еще больше гурманствовать, зависеть или извращаться. И бездумно жрут все это, переводя в дерьмо отношения и ресурсы планеты. Зачем живет такой человек? См. строку выше.

Некоторые эвелны четко видят этот аспект и не испытывают по этому поводу уважения.

Некоторые ответы участникам сайта «Шаманский лес» Июнь — июль 2013

Вопрос о существовании Шамана.

Обсуждаемый вопрос о существовании Шамана имеет другой ответ: Шаман — это Проект. Даже перефразируя юмористического героя, «Проект проектов». Нужно уметь пошутить иногда над своими «сверхценностями», чтобы критичнее к ним относиться. Но пошутить в меру, не переходя грань между обшучиванием и предательством.

Вопрос о некотором множестве прототипов, на мой взгляд, обсуждается пока немного однозначно. Шаман — не сумма прототипов, а система. Как здание — не сумма стройматериалов, а новое качество. Прототипы не проще Шамана, в некоторых отношениях «круче», в некоторых — наоборот. А толкование Шамана как сумма качеств прототипов (то есть что прототипы проще)...

Кроме того, «система Шаман» развивается. Сегодня Шаман уже не таков, как в 1997 году, когда я начал первые заметки о нем. Но и мы с вами не такие сегодня, как в 1997-м. Надеюсь, развитее.

Шаман – проект вашей жизни?

Нет. Я не настолько безумен (или смел), чтобы публично излагать свой проект. Но это часть такого проекта. Иначе у меня не нашлось бы энергии, которую иногда чувствуют читатели, так писать о Шамане.

Вопрос о долголетии.

Этот вопрос задают наиболее часто. Мое мнение сегодня таково: само по себе запредельное долголетие не имеет смысла. Более того, у некоторых прототипов Шамана стремление к просто биологическому долголетию вызвало бы, наверное, некоторое презрение или жалость. Я думаю, что долголетие имеет смысл в контексте эволюции (не только личной) и развития.

Вопрос о претензиях к автору и обидах на текст и ответы.

На претензии, обвинения и обиды отвечать не собираюсь, так как никому ничего не обещал. Но если они есть — пишите. Высказанные претензии и обиды легче переносятся и изживаются. А накладываемая постепенно на меня часть «системы Шаман» дает достаточно ресурсов, чтобы перемалывать претензии в полезную для обеих сторон муку́ (не му́ку, см. выше о шутках).

Я благодарен участникам за этот сайт, вопросы, информацию, материал. Даже сейчас, во время написания этой странички у меня возникли мысли по развитию проекта и по взаимодействию с одним из прототипов.

В свою очередь постараюсь, чтобы постепенно на моей текстовой страничке пояснений было все меньше, а ответов на ваши вопросы и полезных для участников «Шаманского леса» соображений все больше.

Еще раз пишу, что в самом первом издании «Хохота Шамана» (2001) на титульном листе стоит гриф «литературно-художественное издание». В альбоме обложек Шамана в «Одноклассниках» специально выделена эта фраза в оформлении самого массового издания. По «документалистскому исследованию» текста: можно поспорить, но нет смысла. Вспомните высказывание Гегеля о людях, которые за деревьями не видят леса. Стремление документально исследовать художественные тексты... Благодарю вас за скепсис — ваши тексты облегчают мою карму, избавляя от некоторой ответственности за верующих словам вне общего смысла.

Скажите, наконец, определенно – есть Шаман или нет?

Ответ 1 (три части — А, Б, В):

1А. Уже несколько лет определенно и четко пишу, что Шаман — собирательный образ, литературный герой.

1Б. Надоело отвечать на этот вопрос, но стараюсь отнестись без раздражения. Во многих письмах вижу надежду людей на встречу с Шаманом и их предположения о том, что я скрываю Шамана по его просьбе, по своей вредности, что он прячется от ФСБ, что он не хочет вмешиваться в жизнь людей и пр. Подобные предположения приводят к пониманию, что этот вопрос неизбежен, и я буду терпеливо на него отвечать все также.

1В. Для учеников-засранцев (извиняюсь, но, похоже, здесь это необходимо), ищущих возможности переложить ответственность за свои решения и свое развитие на какого-нибудь гуру: нет и не будет никакого Шамана, которому вы бы поклонялись и слушались, снимая с себя ответственность. Никто не может подарить вам умений или уровня развития. Умения или уровень развития вы можете приобрести только упорными тренировками и упорным саморазвитием.

Если бы Шаман существовал реально, он бы Серкину сказал «спасибо» за эти слова. Потому что Шаману не нужны поклонники, последователи и верующие в него. Ему нужны соратники, а соратником такого человека можно стать, только пройдя свой путь развития и труд саморазвития не менее сложный, чем прошел он. Без такого пути вы никогда не сможете стать в ряд с такими, никогда не встретитесь с людьми и другими, подобными Шаману, так как не попадете в соответствующие туннели.

Пока вы ищете, на кого бы переложить ответственность за свои решения и свое развитие, никто не откроет вам никаких знаний, потому что вы пока безответственны.

Как увидеть характерные черты себя и других людей?

Ответ прост. По действиям (не по словам) своим или другого человека. Еще древние греки об этом писали (Феофраст (Теофраст) «Характеры»). Например, цитирую: «Дурак — тот, кто вечером пьет много воды или вина, а ночью вынужден вставать во двор». И далее список характеристик действий дурака и их последствий.

При самонаблюдении можно выделить аспект совершаемых (отложенных) за день действий и их результатов или последствий. Думающему и волевому этого достаточно.

С какой целью вы написали книгу?

Первый вариант книги «сам написался». Я уже говорил об этом в разных интервью. Конечно, осознанные действия для публикации привели к осознанию [работы] по продолжению текста и дальнейших публикаций. Стараюсь ловить те небольшие периоды времени, когда книга и дальше «сама пишется».

Почему происходят самоубийства? Почему мы враги сами себе?

Задавший вопрос почти ответил на него во второй части вопроса. Большинство осознанных самоубийств происходит тогда, когда человек что-то (другого, предмет, ситуацию, отношения, мнения и пр.) поставил выше своей связи с Духом (Творцом, Вселенной). Естественно, при разрушении (невозможности) этого… А Духу, наверное, такая подмена его на вещь, ситуацию, отношение или мнение тоже не очень нужна. Здесь обвинять всех самоубийц не нужно сразу. Есть, например, в экстремальных ситуациях «невозможность вынести» и многое другое.

Откуда изначально берется образ мира?

В младенчестве мир не оформлен. Но человеческий младенец — самое обучаемое существо из нам известных. Младенец физически отделен, но он пока не является самостоятельным существом, он физически не выживет без мамы или другого взрослого.

В этот период младенец является дозревающей частью системы (родителей и социума), и деться ему некуда. В этот период система доформировывает его так, чтобы в дальнейшем он был полезен (функционален) для этой системы. Важнейшей частью функциональности является формирование (трансляция) соответствующего образа мира. Это как «описание» у К. Кастанеды. Но там не сказано, для чего именно транслируется описание и как оно транслируется. Результатом трансляции описания (не только словами, но и отношениями, действиями) является определенный образ мира (уже как саморазвивающаяся по определенным законам система).

Стоят ли «высшие силы» за сохранение семьи против любви вне семьи?

Я умышленно переформулировал вопрос кратко и резко. В самом вопросе есть предположение о существовании разных «высших сил» и о диалектике (не профанировать до столкновения) их взаимодействия. Еще Энгельс писал об этом «Происхождение семьи ...».

Это дискуссия о противопоставлении ценностей семьи и ценностей любви. Желательно их не противопоставлять, быть диалектичнее. Люди, конечно, стараются сохранить обе группы ценностей. Это трудно, но люди часто решают этот вопрос по-человечески (человечно).

Говорят, что у вас иногда есть такая манера — встать ночью от костра и сказать: «Ну, ладно, я пошел по своим делам». А потом студенты добираются до города сами как могут.

Это бывшая практика одного из прототипов. Он ее применял в 70-х, когда обучал студентов-геологов. Это может быть одной из методик «освобождения» учеников от себя, практика привития самостоятельности (при этом он говорил, что следил за студентами, чтобы чего не случилось).

Я только рассказывал студентам в походах о такой практике и «грозился» ее применить, но не пришлось, и бездумно ее применять не рекомендую. Как-то само получается, что со временем студенты сами собираются и идут в наши маршруты без меня, и этого в отношении начальных совместных походов достаточно.

Интересует ли вас квантовая физика?

Да. Еще со школы. В выпускном класса я даже занял первое место на городской олимпиаде по физике (Магадан) и потом поступил на очень конкурсный тогда физфак МГУ (настоящий). Там не доучился, но квантовая механика уже тогда «подсказала» мне принцип, который потом прочел у Гермеса Трисмегиста (в том переводе: «Как вверху, так и внизу») применительно к жизни общества как системы. С тех пор [слежу] за некоторыми публикациями.

Многие мысли о единой системе космоса, о месте и неизбежной ответственности человека (как приемника и осциллятора) в космосе, о «выкидывании» из эволюции дисгармоничных или вредящих (космосу, а не обществу) элементов и подсистем, о принципах обновления и др. подтверждены для меня квантовой физикой.

Каждый человек — немного шаман. Только не все это осознают и тем более проявляют. В шаманской концепции трех (или семи) миров они соединены шаманским деревом (осью, центром порождения и пр.). Переход из мира в мир (особенно в Верхний мир) обычно происходит по шаманскому дереву (в классическом шаманизме через его символ — конкретное шаманское дерево или столб).

Я думаю (версия), что столб (без корней) — более поздний адаптированный вариант (как без корней перемещаться в Нижний мир?). Но использование многими шаманами столба свидетельствует и о таких возможностях.

В чем практика соответствия идее самого себя?

Хочется написать алгоритм, но я алгоритмы таких практик не даю. Тем более для публичного прочтения. Уже писал, что не хочу своими рекомендациями увеличивать количество клиентов психологов и психиатров. То есть напишу Вам, а прочтет кто-то и начнет бездумно практиковать... Лично Вам могу посоветовать, например, по методике Штайнера задавать себе вопросы перед сном. Только начните не с практики, а с понятия о вашей идее самого себя.

Можете ли указать какую-нибудь ситуацию, где можно четко различить «доноров» и «паразитов»?

Почти любая ситуация сотрудничества. Например — оборудование стоянки в походе. Часть людей (доноры) совершенно естественно собирают дрова, приносят воду, оборудуют, готовят еду и пр. А другая часть (паразиты) в это время также естественно занимают лучшие места у костра, в палатках, проявляют «творческость натуры» (например, фотографируя пейзажи всегда, когда другие делают общее дело), и пр., не делая ничего для группы. Конечно, можно им приказать что-то делать, но кто будет тратить энергию на перевоспитание взрослых. Паразитов просто прекращают звать в походы да и в другие «проекты».

Также и всех других ситуациях сотрудничества. Это один их параметров успеха реализации проектов — сотрудничайте с «донорами», избавляйтесь от «паразитов».

Не призывает ли Шаман людей к асоциальности?

Первое: я не знаю ни одного человека, который бы, прочитав книгу, поселился хотя бы на год в одиночестве на северном побережье Охотского моря.

Второе: Шаман часть времени вполне успешно живет в городах С ЛЮДЬМИ ПО-ЧЕЛОВЕЧЕСКИ. Без этого умения было бы только полшамана, то есть уродство какое-то.

Вы писали, что большинство стремящихся в ученики – беглецы от реальности. А как узнать, кто не «беглец»?

Проблема ученика (из моего авторского курса «Эзотерика и парапсихология», который я читал более 10 лет в СВГУ в Магадане и буду читать (сейчас — уже читал) в 2013/14 учебном году на факультете психологии НИУ ВШЭ в Москве):

– если человек не может справиться с проблемами обустроенной социальной жизни, то ему не нужно пока решать более сложные проблемы в более жесткой реальности. Тем более что на границе полно «хищников» — псевдогуру, которые просто будут цинично тянуть из таких беглецов ресурсы (деньги, энергию, услуги, тело и пр.):

– если человек не может просто решить своих проблем и думает, что с помощью эзотерических знаний и умений он без борьбы и конкуренции получит социальные блага (благособстояние, признание, секс и пр.), то это просто засранец, с которым ни один настоящий человек не будет общаться;

– если человек успешно решил свои социальные проблемы и не стал дауншифтером, то многие из таких могут развиваться (но не многие хотят, им и так хорошо).

Дополнения к ответу на вопрос об учениках (выше).

Не написал раньше о главной категории возможных учеников, потому что казалось, что это «само собой разумеется». Но нужно написать — конечно, учениками могут быть люди почти любого статуса, характеризуемые бескорыстной тягой к познанию или, что тоже самое, к постижению реальности.

Постижение реальности имеет общие черты с научным познанием, но не равно ему. Постижение включает в себя не только словесные описания, но и обязательно действия (практики) самого познающего по использованию полученных знаний.

Здесь есть «ловушка» — постигший какую-нибудь «полезную практику» имеет преимущества, начинает их использовать сразу в социуме и почти автоматически перестает развиваться (ему и так хорошо). Настоящего ученика полезные практики не останавливают в развитии.

Настоящему ученику (скорее — учащемуся — выделяю аспект собственной активности учащегося) учитель не обязателен. Если повезет встретить, это ускорит прохождение отдельных отрезков пути познания, но не более. Свой путь познания проходят сами.

Уж слишком вы правдоподобно пишите. А потом, когда заявляете, что Шаман – собирательный образ, из-за этого наступает разочарование.

Первое: слышал, что когда в 1930-е годы по радио передавали постановку по «Войне миров» Герберта Уэллса, то была массовая паника, слушатели хотели эвакуироваться, спрятаться и пр. Но никто не обвинял Уэллса, наоборот, хвалили за мастерство. То же и с «Затерянным миром» Конан Дойла и с многими другими. Так что воспринимаю это как комплимент.

Второе: я вообще-то пишу о развитых людях, которые больше нас живут в реальности (не дольше, а — больше реальности, меньше иллюзий).

В одном из интервью в начале 2000-х я говорил, что Шаман существует. Имел в виду одного из прототипов, но прозвучало как о целостном Шамане. Сожалею об этом и приношу публично извинения. Карма важнее возможной социальной обструкции или агрессии.

Вопрос о рецептах и способах в моих книгах.

Рецепты верны, я их либо пробовал сам, либо видел или узнал от надежных прототипов Шамана. Несколько литерализированы остальные приложения, например о браконьерах, так как им еще работать и работать, и о домике друга, по понятным причинам всех «разборок», и т.д.

Что такое настоящая реальность?

Не только как писатель, но и как официально работающий ученый утверждаю: «никто не живет в общей реальности, каждый живет в своем образе мира, который «предшествует» реальности и накладывает отпечаток на ее описание». В противовес классической схеме «реальный предмет — стимуляция — ощущение — восприятие» я постепенно, конечно, ввожу в психологию схему: «образ мира (прогноз 1) — действие 1 восприятие — уточнение (изменение) образа предмета (ситуации) — изменение образа мира (прогноз 2) — действие 2». Эту мысль и до сегодняшнего дня высказывают многие, но никто не предлагает такой «прямой схемы».

Пример (цитирую): «...в функциональном плане образ любого воспринимаемого стимула предопределен изначально его индивидуальным образом мира (предметная гипотеза) и корректируется в процессе деятельности восприятия или другой деятельности» (Серкин В. П. Методы психологии субъективной семантики и психосемантики. Учебное пособие. М.: Пчела, 2008. С. 226—227. В эл. варианте на одну стр. сдвинуто.)

Как же «прорваться к реальности»? Думаю, что можно только «приближаться» путем познания, но, очень не торопясь (техника безопасности), — новая территория = новые хищники. Конкретных упражнений не пишу, так как (уже не раз писал) не знаю, кто прочтет и как использует. Число клиентов психиатров своими текстами увеличивать не хочу.

Опишите подробнее «ускорение» в упражнениях Шамана.

Почти все люди хоть раз это испытывали сами (в драке, в спорте, при решении задачи, в экстремальной ситуации и пр.). «Вдруг» время и все люди, предметы «как бы» замедляются или останавливаются, и вы действуете почти автоматически безупречно правильно, изменяя ситуацию в свою пользу (уклоняетесь и наносите удар, решаете задачу и пр.). После этого возвращаетесь в обычный ритм или даже на время чуть замедляетесь. Используйте этот опыт для «практики своего опыта». Если у вас этого не было (мало лет), спросите об это у знакомых.

По предложениям генераторов.

Дорогие читатели. Спасибо, но я не могу передать или указать, куда доставить Шаману солнечную, ветровую, гидроэлектростанцию или генератор Тесла. Это ПОКА не нужно. Шаман — собирательный образ.

Как начать формировать программы для подключения ресурсов бессознательного?

Чтобы продуктивно общаться с подсознанием (и с надсознанием?), нужно уметь переходить со словесно-логического (понятийного) мышления на образное (наглядное). Бессознательное работает не словами, а образами, Вы это знаете по сновидениям. Надсознательное может еще работать символами, но все равно в виде образа (чаще визуального или слухового).

Вы писали, что во сне отражены не только влияния потребностей по Фрейду. Что еще?

Во сне проходит часть жизни. Во сне происходит обучение. Также во сне информация дня сопоставляется с наследственной, филогенетической и другими видами информации.

Вы ведете в высшей школе экономики курс парапсихологии. Зачем это? Как на это смотрит начальство и другие ученые?

ВШЭ — большой вуз, много студентов, сотрудников, факультетов и пр. До сих пор не знаю, где находятся многие из них. И не знаком с подавляющим большинством 5-тысячного коллектива сотрудников. Провел небольшой факультатив (8 лекций, 8 семинаров). Сегодня мы отстаем от многих стран, где есть специальные институты, лаборатории, журналы и пр. в изучении эзотерики и парапсихологии. Как бы не повторилась история с генетикой, кибернетикой и компьютерами.

Мало кто из коллег этим интересуется, у всех очень много своих забот. Кроме того, я еще веду научно жесткие, почти позитивистские курсы (например, «Теория и методология современной психологии» для магистров, «Судебно-психологическая экспертиза», «Психология катастроф и экстремальная психология»), один факультатив не слишком влияет на имидж.

Ваши ответы довольно сильно отличаются от ответов Шамана. Почему?

Странно было бы, если бы они совпадали. Я не обещал здесь отвечать за Шамана. Это — отдельная работа.

Какая психика лучше – крепкая или гибкая?

Зачем «или», лучше «и». Смените способ мышления.

Так бороться с природой или не бороться?

Либо вы в потоке, либо нет. Если не в потоке (это часто, а иногда и против потока бывает), то приходится бороться. Зимовавший браконьер в тексте (книга «Свобода Шамана») был не в гармонии с окружающим миром и даже не понимал, что это значит. Он и остался, чтобы показать свою «крутизну». Его жизнь (одна зима) становилась постоянной борьбой за выживание, в которой ему нельзя было расслабляться.

Через некоторое время он стал интуитивно чувствовать помогающие (попутные) потоки, как и почти любой человек в его ситуации, и только поэтому выжил. Уехал в город и забыл все как кошмарный сон.

Кому и когда нужно помогать, а кому и когда нет?

Помогайте тем, кто любит работать, кто является донором, кто умеет быть благодарным (не на словах, а на деле), кто ваш единомышленник, кто вам симпатичен, кто помог вам в трудной ситуации. Соответственно, поставьте частицу «не» в предыдущем предложении после слов «кто» и не помогайте им.

Еще можно помогать просто от сердца, но не растите иждивенцев и не мешайте развиваться. Человек развивается, решая проблемы.

Что есть настройка двигательного динамического стереотипа?

Настройка ритмов своих движений, иногда дыхания, реже восприятия и мышления (в медитации), еще реже — ритм сознания. Настройка — установление нужного ритма или подстройка под нужный внешний ритм.

Чему нужно учиться, а чему нет?

Это каждый решает сам. В школе нас не спрашивают, чему учиться, но стараются показать, что учение — ценность. Но уже вуз вы выбираете сами, а уж вне вуза — тем более. Вы знаете общий ответ. Учатся тому, что: а) поможет в жизни; б) помогает раскрыть ваши возможности; в) развивает вас.

Мнение Шамана о судьбе.

Мнение Шамана я еще не написал. Мое таково: предопределенность (кроме неизбежности типа нахождения в эпицентре взрыва и пр.) может изменяться в желаемую для вас сторону концентрацией на цели, регулярными волевыми усилиями и осознанными действиями по продвижению к цели и построению соответствующего мира.

Насколько Шаман – вы?

Шаман пишется на основе взаимодействия с прототипами (один из них, но не самый объемный — я, когда в нужном потоке мира) либо в особом состоянии сознания, либо краткими [озарениями]. Тогда записываю мысли или фрагменты на тех лекциях, учебных программах и пр., которые под рукой. У меня и в рюкзаке, и в куртках есть маленькие записные книжки. Для того чтобы обработать эти уже очень многочисленные записи, требуются время и волевые ресурсы, которых не всегда достаточно.

Упражнение для индивидуального развития сознания

Шаг 1

Вспомните любую новую деятельность, которую вы освоили или начали осваивать недавно.

Шаг 2

Вспомните и опишите свой новый опыт, приобретенный в вашей новой для вас деятельности по примеру описаний, сделанных студентами (см. таблицу ниже).

Таблица

Описания нового опыта, приобретенного в деятельности[1]

Вид деятельности	Описания студентов
Водить машину (7)	Теперь умею оценить дорожную обстановку. Поняла, что такое мастерство. Узнала, что такое взяточничество, как относятся к женщине за рулем, слышу двигатель. Способность к контролю, ощущение собственности, сберечь машину. Обращаю внимание на маршрут, как водят другие. Даже когда не за рулем, «нажимаю» педали, слежу за дорожной обстановкой. Даже пешком, стала ориентироваться по карте. Научилась не бояться дороги. Много «оленей» на дорогах. Знаю много об устройстве машины.
Работа в кадровом, рекрутинговом агентстве (6)	Этапы работы консультанта по отбору персонала, научилась оценивать работу по критериям, на которые раньше не обращала внимания. Отмечаю стиль речи, правильность, как одет. Более оценивающе отношусь к людям с позиций их достижений. Стал понимать разные направления бизнеса. Человек, ищущий работу, ведет себя заискивающе.

[1] По публикации: Серкин В. П. Влияние профессиональной специфики образа мира и образа жизни на восприятие // Психология развития человека как субъекта труда. Развитие творческого наследия Е. А. Климова. Материалы Международн. научно-практич. конф. Москва, октябрь 2016. М.: Акрополь. С. 68—78.

Готовить еду (4)	Поняла, почему одни продукты нужно класть раньше других, зачем специи, что значит несочетаемые продукты. Поняла принципы приготовления, научилась готовить новые блюда, стала экспериментировать с добавлением нового, придумываю приправы. Начала экономить, освоила бытовую технику.
Танцовщица, аэробика (3)	Стала чувствовать ритм, партнера, понимать темперамент других народов мира. Лучше чувствовать свое тело, эмоции. Обращаю внимание на свои мышцы, координацию движений.
Шить (3)	Использовать разные ткани, бисер, украшения, кружева. Использовать выкройки, шить разными стилями. Смотреть на людях края одежды и структуру ткани. Определение количества ткани, цен, фурнитуры, размеров.
Ремонт квартиры (3)	Навыки общения со строителями, ощущение собственности. Поняла суть дизайна. Находить новые сочетания, решения, искать ткани, фурнитуры, постоянно обращаю внимание на шторы, стала смотреть журналы по теме. Разбираюсь в интернет-ресурсах по теме, обоях, краске, циклевке и лаках для паркета, сборке-разборке мебели.

Шаг 3

Вспомните и опишите свой новый опыт отношений с другими, приобретенный в вашей новой для вас деятельности, по примеру описаний, сделанных студентами (см. таблицу ниже).

Таблица

Описания нового опыта, приобретенного в отношениях с другими

Вид новых отношений	Описания испытуемых
Воспитывать ребенка (5)	Постоянно помнить, идти на компромиссы, но быть требовательной, «не сломать» и не распустить. Как много было раньше свободного времени, как его нужно было ценить. Ответственность, радость, понимание, что чья-то жизнь важнее твоей, терпение. Освоила кормление, новые продукты, их приготовление. Ответственность, терпение, контролирование действий (правильность), общение и взаимодействие с другими детьми. Распорядок дня, расчет времени для определенных действий.
Обучение психологии (3)	Стала замечать и понимать, почему и как раздражаются близкие. У всех есть проблемы, но многие их не осознают. Отметила, что наделяю людей своей логикой, мышлением, не осознавая этого. Изменилось мышление, взгляд на прошлое: до этого всегда искала единственно верную теорию и единственно правильную практику, все остальное воспринимала как брак. Стала замечать и дифференцировать чужие и собственные переживания. Стала вести опросы и поняла, что люди гораздо более готовы отвечать, чем я думала раньше. Замечаю психологические защиты, больше обращаю внимание на поведение людей при чтении книг и просмотре фильмов. Задумываюсь о психологических особенностях авторов и их жизненной ситуации

Шаг 4

Составьте список (по аналогии с таблицами выше) качеств, знаний, умений и навыков, которые вы хотите развить у себя.

Шаг 5

Подумайте (по аналогии с таблицами выше) о деятельности(тях), с помощью которых могут быть развиты у человека эти качества, знания, умения и навыки.

Шаг 6

Займитесь (осваивайте) эти деятельности.

Шаг 7

Ведите дневник постепенного освоения нужных вам качеств, знаний, умений и навыков в форме вышеприведенных таблиц.

Приложения

Приложение 1
Интервью

Наталья Алексеева
Владимир Серкин:
«Не так уж плохо здесь жить…»

Интервью опубликовано в газете «Колымский РегиоN», № 43 от 28 октября 2010 г.

Интервью с профессором кафедры психологии Северо-Восточного государственного университета, автором нашумевшей пять лет назад книги «Хохот Шамана» Владимиром СЕРКИНЫМ.

Владимир, вы всю жизнь живете в Магадане. Написали много научных работ о жизни северян, в том числе и синдроме неосознанно отложенной жизни (НОЖ). Как вы счи-

таете, изменились ли магаданцы, пережившие лихие 90-е? Актуален ли сегодня термин НОЖ?

— Конечно, изменились. Население области с 1991 года сократилось более чем в два раза: с 361 тыс. до (по моим подсчетам) 157 тыс[1]. Это число не объявлено официально, но, надеюсь, что ближайшая перепись даст нам более точные цифры. Большая часть бывших колымчан уехала, кто-то умер. Подросло новое поколение. Мои бывшие студенты и подчиненные — теперь мои начальники. Новые специалисты более реалистично и прагматично смотрят на жизнь.

Другими стали студенты. В первом наборе на кафедру психологии (1991) почти все были медалистами. Сейчас почти все выпускники школ с хорошими баллами по ЕГЭ сразу же уезжают в центральные вузы, и редко кто возвращается. На психологию еще есть конкурс, но уже не медалистов, а на многие специальности…

Уезжают и выпускники СВГУ. Из первого выпуска психологов (1996 год, 12 человек) в области работают трое. Но все трое — по специальности, считаются хорошими специалистами, известны в городе. Из второго выпуска в городе работают пять человек… Я рад тому, что уехавшие наши выпускники нашли себя в профессии в Москве, Питере и других городах, защитили диссертации, кто-то стал зав. кафедрой, ведущим специалистом.

К сожалению, уезжают не только пожилые люди, но и востребованные специалисты, молодые, энергичные,

[1] Сегодня март 2016-го — 146 тыс.

амбициозные. Им кажется, что в больших городах больше возможностей для самореализации, и это так сегодня. Магаданцы, возвращающиеся из отпусков, особенно остро это чувствуют. Да простит меня наша администрация, но я считаю их кадровую политику застойной и недальновидной. По-прежнему команды чаще всего формируются не по деловым качествам, а по услужливости и поддакиванию. Где сегодня все составы предыдущих администраций и Дум? Уехали. Они не собирались здесь жить. Я прямо говорил и писал поименно об этом в 90-х: они — временщики, они «урвут и уедут». Но наши СМИ услуживали тому, теперь уехавшему начальству. Увы, этим же характеризуется почти поголовно и сегодняшний состав. Вот мы и подошли к теме отложенной жизни: человек не живет здесь, а все готовится пожить «там, после переезда». Эта тема актуальна и сегодня. Изменились сценарии переезда и жизни «там», но тенденция осталась. Это вопрос специального разговора, если нужно.

И сегодня мы переживаем кризис: не можем уехать на «материк», трудно жить здесь. У многих депрессии. Ваши советы магаданцам – как сохранить психическое здоровье на Севере сегодня?

— По миграционному критерию можно выделить три группы взрослых колымчан:

А. Хотят жить здесь и живут здесь (примерно 30% населения, из них — две трети мужчин).

Б. Хотят уехать и реализуют постепенно планы переезда (примерно 35% населения).

В. Хотят уехать, но считают, что не могут и не смогут (примерно 35% населения).

Вот эта третья группа (В) — «группа риска» для невроза отложенной жизни (НОЖ). Одно из главных их жизненных желаний блокируется (в терминах психологии — фрустрировано), они считают, что живут «не там и не так», но реально ничего не делают, чтобы изменить свою жизнь. Увы, это больше трети населения. Кто-то старается об этом не думать, кто-то «заглушить», но от себя не убежишь. Массового психологического консультирования не существует, но общая рациональная рекомендация такова: нужно определиться и присоединиться либо к первой группе (А), либо ко второй (Б) и пусть очень медленно, с перерывами и срывами, реализовывать более осознанный жизненный план. Не так уж плохо здесь жить, об этом свидетельствует пока немногочисленный, но постоянный поток уехавших и возвращающихся. В поселках области психологическая ситуация хуже, чем в Магадане.

Ваша книга «Хохот Шамана» произвела фурор не только в Магадане, но и завоевала книжный рынок в Москве. Сколько редакций «Хохота Шамана» вышло в разные годы? И как вы оцениваете эту работу сегодня?

Уже вышло восемь переизданий «Хохота Шамана»[1] на русском языке. Последние пять в крупнейших издательствах: «София» (2006, 2007 гг.) и «АСТ» (2008, 2009 и 2010 гг., 276 стр.). Платят за книги в России мало, за каждое переиздание

---

[1] Интервью 2010 года.

я получал по 15—17 тысяч рублей. Есть у меня в коллекции пиратское издание «Хохота Шамана» в мягкой обложке, за него ничего не платили. Тем не менее я рад, что трудная книга о сложных проблемах, не про секс, не детектив-боевик, не «женский роман» и прочее, нашла своего читателя. Огорчают нападки некоторых верующих. Я спрашиваю: «А вы хоть читали?» Отвечают: «Я не буду читать про шаманизм!» Хоть с помощью газеты хочу до них донести: книга не про шаманизм (хотя ничего плохо в научном изучении феноменов шаманизма я не вижу). Книга про одного уникального человека по кличке Шаман, с которым мы обсуждаем весьма важные и сложные проблемы. В 2009 году «Хохот Шамана» переведен на немецкий и вышел в Мюнхене в издательстве «Сфинкс». Это — хорошее издательство, они издавали Солженицына. Немцы заплатили за издание в 11 раз больше наших. На эти деньги впервые съездил на «крутой» курорт. Вообще, лето люблю проводить на побережье Охотского моря, и курортов мне не надо было. Сын говорил: «Тебе не нужно, потому что ты не знаешь». Он оказался прав. Долго там скучно, но дней на десять, при возможности, магаданцам желательно ездить на теплое море. Дорога на двоих, конечно, в разы дороже отдыха... Я считаю, что северянам нужно бороться за то, чтобы дорога оплачивалась каждый год. Это не популизм, я уже много лет политикой не занимаюсь, а в резюме пишу: «беспартийный, депутатом не был, не судим, в органах власти не работал». Это геополитическая необходимость: если власти хотят, чтобы на Северах жили россияне, они должны их обеспечивать возможностями современного хорошего отдыха.

Сейчас заканчиваю новую книгу «Свобода Шамана». Она еще сложнее первой. Первый выпуск, как и первый «Хохот Шамана», придется издать за свой счет. А потом книга сама заимеет свою судьбу.

Что в психологии как науке привлекает вас больше всего?

— Самая важная задача психологии — описание внутреннего мира человека. Я защитил докторскую по теме «Образ мира» (Структура и функции образа мира в практической деятельности). Все ученые делятся на две неравные части: первая — сами что-то создают (примерно 1% ученых). Вторая — обсуждают и критикуют то, что сделали другие (примерно 99% ученых). Меня, слава богу, обсуждают и критикуют. Иногда, правда, ожесточенно. Не только за мою концепцию образа мира и образа жизни, но и за книги, учебники, статьи. Ставлю себе амбициозную задачу (а чего уже бояться или стесняться?) — разработка теории сознания.

Но интересны мне и прикладные задачи инженерной психологии и эргономики: разработка рабочих мест и комплексов, психологическое описание региональных профессий (это у меня аспиранты пишут и защищаются потихоньку), приспособление к экстремальным условиям и другие.

Есть ли какие-то трудности в вашей творческой и научной работе?

Действующий ученый должен быть в научной среде, общаться с коллегами, ездить на конференции, выступать, обсуждать, участвовать в проектах. Для этого нужны научные командировки, аппаратура, ставки лаборантов, научных сотрудников. Что у нас? Дважды в год я летаю на региональный диссертационный Совет в Хабаровск. Но это — не наука, это общественная нагрузка, я пишу бесплатно отзывы, рецензии, теряю время, энергию, теряю немного в зарплате. Но я делаю это для престижа нашего университета (мы, СВГУ, — соучредители этого Совета).

Университет же у нас — самый маленький в России и один из самых бедных. Я с завистью слушаю коллег про роботизированные комплексы, ставки лабораторий, многократные поездки на международные симпозиумы и прочее. Я понимаю и экономическую ситуацию, и трудное положение руководства СВГУ, но должен ли я из-за этого понимания прекратить свою жизнь в научном сообществе? Мне говорят: ищи спонсоров, гранты. Но сейчас в СВГУ недельная нагрузка по занятиям у профессора больше, чем у учителя в школе. Если я начну еще бегать в поисках спонсорства или грантов, о реальной фундаментальной науке придется забыть, а только писать проекты (заявки) и отчеты. Да и гранты есть на практищенские (это от термина «нищета Духа», нищенские) задачи. А на главные научные задачи, типа общей теории сознания, грантов не существует. Вот жесткая профессиональная проблема. И не только моя.

16 мая 2011. Татьяна Хрипун

Интервью Владимира Серкина «Магаданской правде»

Этот человек поражает своим особенным взглядом на жизнь, давно привычные и понятные вещи, пересмотреть отношение к которым кажется невозможным. Наверное, на формировании его мировоззрения сказалось долгое изучение внутреннего мира человека, или в своем философском отношении к жизни он самобытен? Наш гость, похоже, и сам не особенно хочет отвечать на этот вопрос, но с удовольствием делится некоторыми мыслями. Это особенно актуально в свете недавнего выхода новой книги, еще не известной широкому кругу читателей. Сегодня в гостях у «Литературной гостиной» доктор психологических наук, профессор СВГУ, писатель и просто интересный собеседник Владимир СЕРКИН.

Владимир Павлович! Я понимаю, что после стольких лет научной деятельности вопрос может показаться наивным, а может сложным. Почему вы решили посвятить жизнь изучению внутреннего мира человека — его психологии? Вас с детства интересовали такие вопросы?

С детства интересовался техникой, особенно радиоэлектроникой, в 10 классе (1973 год) даже занял первое место на городской олимпиаде по физике. В том же году поступил на физический факультет МГУ им. М. В. Ломоносова и проучился три года. Но в общежитиях МГУ узнал много нового, о чем в Магадане в начале 1970-х ничего не слышал. В ручной распечатке по очереди мы читали всем доступные сейчас «Улитку на склоне» и «Лес» Стругацких, «Один день Ивана Денисовича» и другие произведения Солженицына. Все это обсуждалось, аналогии были очевидны. Я стал все больше задумываться о том, что физические процессы вовсе не главные и не самые интересные в этой жизни, серьезно заинтересовался психологией. Перевестись на факультет психологии было невозможно. Я ушел из университета, поработал, отслужил в армии и поступил в 1979 году на факультет психологии МГУ.

Вы – автор учебников по психосемантике. Почему занялись этой областью знаний?

Психосемантика — область психологии, изучающая значения и смыслы знаковых систем, а главная для человека знаковая система — язык. Наверное, сказалась склонность к точным наукам. Сначала занялся психолингвистикой из-за ее четких, но сложных структур. Потом увидел ограничения структур и занялся математическими моделями психосемантики. Сейчас меня не устраивают и ограничения математического моделирования, которые приходится преодолевать эмпирически, и я думаю над проблемами более совершенных моделирующих языков для развития теории сознания.

Владимир Павлович, а как поняли, что хотите писать не только научные, но и художественные произведения?

Они стали «выходить» из-под пера. До этого был период, когда я думал о том, что не полностью использую свои возможности, квалификацию, опыт. Стал жить самостоятельно сын, появилось больше времени и свободы. Когда дети становятся самостоятельными, человек чувствует себя свободнее.

Какие писатели повлияли на ваши мировоззрение и творчество?

С детства много и быстро читаю. Не помню писателей, но помню, что были книги, которые производили большое впечатление. Запоем читал все книги отечественных авторов о Чингисхане, уже говорил о братьях Стругацких. Из зарубежных фантастов — Клиффорд Саймак, из современных — Виктор Пелевин. Вот настоящий мастер слова и смыслов. Кстати, с очень хорошим чувством юмора.

Повлияли на меня и работы некоторых ученых, и работы некоторых теологов. В них бывают идеи гораздо более масштабные и глубокие, чем в литературе. Иногда поймешь что-то — аж холодок по спине. Жаль, что многие научные идеи пока не оформлены общедоступным языком.

Как родилось название первой книги «Хохот Шамана»?

В противовес представлениям о шаманах как об угрюмых, зловещих личностях. Прототипы, с которыми я общался, были нормальными развитыми людьми с хорошим чувством юмора.

Как к вам обычно приходит муза? При каких обстоятельствах?

Умышленно стараюсь это не осознавать и не организовывать. В отличие от других писателей я живу на зарплату профессора, а не на гонорары. Поэтому пишу, когда хочу, когда есть настроение, кураж, мысли. Посчитал за эти десять лет — получилась в среднем одна страница в 10 дней.

Почему решили издаваться в Москве, а после даже в Германии?

В Магадане авторы издают первые книги за свой счет. Так же и я издал первый выпуск «Хохота Шамана» (55 стр., 400 экз.). Раздарил и разослал знакомым и в издательства. Один из крупных литагентов (агентство «ФТМ») взялся за мою книгу и с тех пор занимается ее изданием[1]. Я только увеличиваю объем, пишу новое.

Крупные издательства печатают сами и даже платят авторам некоторые гонорары, с которых литагенты имеют свой договорной процент. «Хохот Шамана» не про секс, не боевик, не женский роман, не фэнтези. Это сложная книга во многом о философских проблемах жизни, тиражи ее (и гонорары) невелики. Но тот факт, что «Хохот Шамана» издан за 10 лет уже 10 раз, позволяет мне надеяться, что это «нетленка». Сколько за это время отгремело огромными тиражами модных книг, которые даже были награждены всякими литературными премиями, а сейчас полностью забыты! А «Хохот Шамана» переиздан уже в 2011 году, и сейчас мой литагент заключил договор на пробный выпуск аудиокниги на компакт-дисках с ООО «Аудиокнига».

В 2009 году «Хохот Шамана» переведен на немецкий и вышел в Мюнхене в издательстве «Сфинкс», где были изданы, например, Солженицын и другие русские писатели.

---

[1] Интервью 2011 года. Сегодня (2016) работаю с русскоязычными издательствами без литагента.

Большой для Германии тираж — 4000, и книга дорогая — 18 евро.

У вашей первой книги даже появилась пиратская копия. Это о чем-то говорит?

Все мои научные и художественные тексты выложены в Интернете, и кто-то их на множестве сайтов продает без всяких договоров со мной. Также и бумажные издания (у меня в коллекции два таких). Пираты смотрят — книга переиздается, значит, продается. Больше их ничего не интересует. Скачивают текст и обложку, ставят ложные выходные данные, адреса и продают. Это на их совести. А говорит это, конечно, о некоторой популярности и востребованности книги.

Как я понимаю, вы дописывали «Хохот Шамана» на протяжении нескольких лет, добавляли главы, компоновали. Как родилось отдельное произведение «Свобода Шамана»? В чем концептуальное различие?

Уже несколько лет и литагент, и другие мне говорили, что нужно не увеличивать «Хохот Шамана», а писать другую книгу. Но я этого не чувствовал. Только весной 2010 года появилась новая тема в диалогах. Свобода раньше в учебниках определялась как «осознанная необходимость», что всегда вызывало грустное веселье у мыслящих людей. Но и это заученное определение преодолеть оказалось не так-то легко. Потому что есть и свобода удовлетворять потребности, и свобода следовать своей миссии. Последнее делать особенно очень трудно, так как одолевает «осознанная необходимость». Вот об этом и книга.

Когда вышла книга и как попадет в руки читателей не только Магадана, но и всей страны? Уйдет ли, как первая, на немецкий рынок?

«Свобода Шамана» вышла в ноябре 2010 года, как и первый выпуск «Хохота Шамана», небольшим объемом и тиражом. И литагент в Москве, и немецкий литагент уже предложили заключить на книжку договор, но я просил их подождать.

Как сами считаете, о чем ваши книги?

Впервые меня об этом спросили. О миссии человека, его ценностях, свободе и несвободе, гармонии с окружающим миром и проблемах в нем. Еще, но совсем немножко, о комфортной жизни в экстремальных условиях нашего региона.

Какое место в вашей жизни занимает любовь?

Главное. Я с уважением отношусь к монахам и отшельникам, но в моем опыте любовь к женщине и любовь женщины — один из двух главных источников энергии и творчества. Второй не по значимости, а по перечислению здесь — духовный поиск.

Расскажите о дальнейших планах на жизнь, в науке и творчестве.

Мне уже 56-й год, я — действующий ученый, и некогда скромничать. Сейчас работаю над общей теорией сознания и свободным от ограничений математического и формально-логического моделирования языком описания сознания. За это никто ничего не платит, так как эти проблемы слишком фундаментальны. По официально учитываемым темам работаю над несколькими практическими и полезными в России и даже в нашем регионе задачами инженерной психологии и психологии труда. Еще сейчас главное в планах — побольше передать ученикам. Среди них уже есть несколько кандидатов наук и два аспиранта с готовыми кандидатскими. Сейчас занят поисками новых учеников (не в эзотерическом смысле, а в научном), которым мог бы передать то, в чем являюсь сегодня, увы, пока единственным в России специалистом.

Андрей Ведрус
Информационное агентство Мидгард-ИНФО

Осень, 2011

Сегодня Информагентство Мидгард-ИНФО в лице главного редактора Андрея Ведруса берет интервью у довольно известного человека Владимира Серкина — доктора психологических наук, возглавлявшего кафедру психологии в Северном международном университете в Магадане. Ныне является профессором кафедры психологии Северо-Восточного государственного университета. Автор более 120 научных работ в области психологии. Но более известен он не своими заслугами в психологии, а как автор книги-бестселлера «Хохот Шамана», которая выдержала уже десять переизданий[1] и в 2009 г. была переведена на немецкий язык. Не меньший интерес представляют и его последующие книги: «Шаманский лес» и «Свобода шамана».

О мирском

1. Вы являетесь первооткрывателем синдрома неосознанно отложенной жизни (НОЖ); увеличивается ли количество подобных расстройств с годами? Приняло ли медицинское сообщество этот синдром, прижился ли он в психологии?

Здесь речь идет не об открытии, а об описании. Есть много людей, которые думают, что пока еще они не живут по-настоящему, а заживут потом, когда будут условия (накопят денег, переедут, сделают карьеру и пр.). При этом они откладывают на это «потом» решение жизненно важных проблем (отношения, свои интересы, достойный образ жизни и пр.). То есть здоровые люди не решают проблемы, ведут себя как невротики. Это явление я и назвал еще в 90-е годы неврозом отложенной жизни (НОЖ). В психологической литературе уже довольно много публикаций на эту тему, а за медицинской я не особенно слежу.

2. В 2005 году вы защитили в МГУ докторскую диссертацию по теме «Структура и функции образа мира в практической деятельности». Вы можете коротко объяснить ее смысл? Какова ваша концепция образа мира и жизни?

---

[1] Интервью 2011 года.

«Образ жизни» — понятие, широко используемое в социологии и экономике для описания жизни больших групп людей. Но существует и индивидуальный образ жизни, меняющийся в течение жизни (например, образ жизни Петрова в детстве, в школьные годы, до женитьбы, до рождения детей, на разных работах, на пенсии и пр.). Это дает мне основания рассматривать понятие индивидуальный «образ жизни» как психологическое. Понятие «образ мира» введено А. Н. Леонтьевым, его коротко не опишешь. Совсем просто, но не совсем научно — «образ всех образов» человека. Моя диссертация была посвящена не практической, а фундаментальной проблеме взаимодействия и взаимовлияния образа мира и образа жизни человека.

3. В интервью, опубликованном в газете «Колымский РегиоN» № 43 от 28 октября 2010 г. вы сказали, что поставили себе амбициозную задачу – разработка теории сознания, есть ли успехи в этом направлении?[1]

В самой задаче разработки теории сознания есть парадокс: теория сознания может разрабатываться лишь в самом же сознании. То есть сознание все равно остается сложнее разрабатываемой теории о нем. Есть пути преодоления этого парадокса. Пока я уже много лет просто собираю воедино и осмысливаю все разработки по теориям сознания. Тема слишком фундаментальна, поэтому в данный период времени никого не интересует. Зато я свободен в этой работе, отчитываться не нужно, и не страшно

[1] См. здесь в Приложении 4 статью «Деятельностная теория сознания».

сказать, что среди методов работы использую и различные медитативные.

4. Правда ли, что у вас был конфликт с ректоратом СВГУ в связи с принудительным приказом ректора, который принуждал всех преподавателей поставить прививку от гриппа, но вы отказались от этого и оспорили приказ в суде? Чем закончился суд?

За 23 года работы в университете я впервые написал заявление, но не в суд, а в прокуратуру. Это было вызвано вопиющим беззаконием и невозможностью решить проблему в пределах СВГУ, хотя и говорил об этом ректору, и писал служебные записки. Представьте: прихожу на занятия на пятом курсе, а половины студентов нет. Где? Отстранены от занятий и не допущены к сессии приказом ректора за то, что не сделали прививки. Чтобы поставить прививку детсадовцу или школьнику, необходимо согласие родителей. А студенты оказались самой беззащитной перед произволом группой.

Я написал в прокуратуру по трем позициям: 1) незаконное отстранение студентов от занятий и принуждение их к прививкам; 2) незаконное отстранение преподавателей от занятий, невыплата зарплаты и принуждение их к прививкам; 3) нарушение конституционных прав человека в отказе от медицинского вмешательства. Все это трудно далось. Нужно учесть, что наш ректор одновременно является и председателем Магаданской областной «Единой России» и зам. председателя областной Думы. Моим знакомым журналистам областных изданий редакторы запретили об этом конфликте писать и делать передачи. В личных беседах сотрудники и прокуратуры, и трудинспекции очень хотели избавиться от этого вопроса и отправить меня по судам. В конце концов областная прокуратура признала приказ о принудительной вакцинации студентов неправомерным, а другие вопросы сотрудники прокуратуры сочли вопросами вне своей компетенции и посоветовали мне обратиться в суд. Ректору пришлось изменить приказ о вакцинации студентов (внести слова «по желанию студентов», меняющие *обязательность* на *добровольность*). После этого отстранять студентов от занятий на этом основании стало нельзя. Права студентов мне отстоять удалось. Дальше я эту историю не продолжал. Преподаватели — сами взрослые и юридически грамотные люди, умеющие писать.

Со стороны ректора была очень мелочная месть. Сначала мне вообще не платили зарплату и не табелировали. Я стал работать со студентами бесплатно. Тогда на меня был составлен комиссионный акт о нарушении приказа ректора об отстранении от работы. На основании акта мне объявили выговор (за то, что работаю!) с предупреждением об увольнении. Когда мне все же отдали зарплату за два месяца, выяснилось, что ректор своим приказом (о котором я не был извещен почти два месяца) значительно понизил мне зарплату. Все эти приказы и переписка у меня есть. Есть огромное количество всяких мелких придирок и дрязг, о которых писать просто противно.

5. Изменилась ли ваша жизнь после знакомства с Шаманом и его практиками?

Шаман — собирательный образ. Жизнь, конечно, изменилась после знакомства с прототипами. Главное — я воочию увидел, что возможно быть свободным, жить независимо от общества и не превращаться в первобытного человека, а наоборот. Я, конечно, знал о великих религиозных отшельниках и отшельниках-ученых. Но это было знание о людях из других веков и земель. А встречал я только одичавших и опустившихся одиночек. Сам факт того, что неопустившиеся свободные люди есть, что так возможно жить, придает мужество и независимость. Надо будет, и я смогу.

Кроме того, многие идеи и даже некоторые философские, если не концепции, то модели и соображения я почерпнул из бесед с этими людьми.

6. По-прежнему ли ваши книги о Шамане вызывают такой живой интерес, как и шесть лет назад? Вам продолжают писать ваши читатели?

Последние лет пять поток писем весьма стабилен. А летом 2011 года несколько человек добрались до Магадана и через университет нашли меня, чтобы задать свои вопросы. Чтобы люди не ездили так далеко зря, я должен сказать, что пока отъехал из Магадана на год или больше. А большую часть времени приездов я намерен проводить не в городе, а на побережье или в области.

7. Думали вы над тем, что ваша встреча с Шаманом была не случайной и была необходима Шаману, что эта встреча — как новая практика для вас и для него?

Думал, в том числе и о кармических законах. Но здесь есть только не подкрепленные ничем размышления.

О бытие

8. Каким образом Шаман из обычного человека превратился в Шамана? Что в его жизни послужило началом, толчком, которое привело его к тому, чем он стал – существом с более продвинутой полевой структурой?

Я бы не называл прототипов Шамана существами. Некоторые из них более человечны, чем большинство знакомых. Пожалуй, главная характеристика таких людей — мужество не бояться жить и психическая подвижность. Лишившись защиты общественных институтов, они встали лицом к лицу с неизбежностью и бесконечностью, но мысленно не спрятались от этого, а стали с этим работать, зная, что бесконечность все равно непобедима. Это звучит несколько романтично, но это поймет любой человек без защиты общества. Обычный человек тут же начинает искать защиты любого общества, пусть даже криминального или извращенного. Но не эти люди.

9. Как они пришли к этому?

Через кризисы, поиски свободы, идеи самого себя. Только это не юношеские, а взрослые поиски.

10. Из ваших записей немного непонятно, когда же вы последний раз виделись с Шаманом: в книге «Хохот Шамана» вы его провожаете на автовокзале (дата записи 30.10.2000 г.), но в тоже время в книге «Свобода шамана»

вы рассказываете Шаману про технологию коротких сообщений – Твиттер (год создания 2006 г.), эта запись датируется 08.08.2010. Также в 2004 г. вы даете ряд интервью для «Российской газеты» и на «Радио Свобода», из которых ставится понятным, что Шаман уже уехал в центр России. Как же быть с историей про Твиттер, который был основан в 2006 г.? Возможно, вы встречались с Шаманом после его путешествий в центр России?

Во всех книгах, изданных в 2007 году и позже, это пояснено. После первого при мне отъезда Шамана я встречался с ним в Москве и потом, после его возвращения, в окрестностях Магадана.

11. В книге «Шаманский лес» под заголовком «Об энергетике земледельца» (запись 17.09.2005) вы говорите о единой энергетической системе земледельца с участком, растениями. Означает ли это, что человек так же живет в мире, с которым вместе представляет единую энергетическую систему, и там, где он родился, это влияние наиболее высоко? Если да, то почему Шаман постоянно кочует с места на место?

Слова Шамана: «Задающий вопрос знает большую часть ответа». Да. Шаман не так часто «кочует». Он уезжает раз в десять-пятнадцать лет. Это необходимо, чтобы «не отставать от мира». Адаптация на новом месте и в новых условиях (в том числе технологических) всегда трудна, но и всегда развивает. Все знают по своему жизненному опыту, что молодость не боится перемен, а скорее жаждет их. А старость …

12. Что стало с амулетом в пластиковой бутылке в виде лохматой ветки растения, которую принес и подарил вам Шаман?

Позже я нашел такое растение в нашем реальном мире в одном труднодоступном месте.

13. Как, по вашему мнению, Шаман относится к вегетарианству (отказу от мяса)? Ваше отношение к вегетарианцам, сыроедам?

Не спрашивал. По-моему, никак. Есть экологические пищевые цепочки, есть культуры, где мясо — основной продукт, без которого не выжить. Так устроен мир. Если человек может отказаться от животной пищи, значит, он может себе это позволить. В современном мире это не всем доступно.

14. В книге «Шаманский лес» при обсуждении возможности принести Шаману из своего Шаманского леса еще какой-либо артефакт Шаман сказал о том, что Реальное дерево не растет, а проявляется в нашем мире, и человек тоже. Что он имел в виду? Откуда дерево человека появляется? Вы можете подробнее осветить эту тему?

Из их идеи. Я мог бы ответить и многословнее, но к этому добавить нечего.

15. В книге «Хохот шамана» вы описывали встречу с сумеречными людьми, которые древнее всех народов. Помимо записей в книге вы еще говорили с Шаманом на эту тему? Что-нибудь можете рассказать?

Они часто рядом, занимаются своими делами, но стараются нас не трогать, не конфликтовать без нужды. Представьте себе первобытного человека, охотника или собирателя с хорошим уровнем самодисциплины и саморегуляции. Если он проберется в сумерках через вашу дачу, вы его вряд ли заметите. А курицу спишете на лису, соседа или что угодно. Охотники, геологи, рыбаки и другие люди иногда видят сумеречных. Как мелькнувшие в сумерках силуэты или четкие фигуры. Еще чаще видят их следы. Но стараются об этом не говорить и вообще не думать.

16. Как я понимаю, жизненные силы и здоровье Шаману прибавляет развитие его трансцендентной части (в книге называется «идея себя», то есть того, что можно было бы назвать «сверхсознание, душа» и т.п.) через «погружение» в новую жизненную обстановку, переживание свежих ситуаций и в целом – «ритм жизни».

Если я правильно рассуждаю, то мой вопрос следующий: насколько велик такой потенциал возможностей развития на Земле для отдельно взятого человека и может ли подобное стремление иметь социальное или общественное будущее с позиций воспитания или появления «нового типа» человека «будущего»? (А в будущем возможно и за пределами Земли?)

Если мои мысли ошибочны, то поправьте меня, пожалуйста.

Люди всегда это чувствовали. Еще Платон писал о мире идей как о настоящем, неискаженном. Сейчас наука подходит к тем же идеям, что и философы античности, только с другим багажом знаний, на новом витке спирали развития. Я думаю, что довольно скоро и техники медитации, и работа с идеей самого себя станут частью большинства образовательных систем. Потенциал настолько велик, что даже представить трудно. Человеку, гармонично живущему с идеей самого себя, не нужно утверждаться за счет других. Это уже другая культура.

17. В записи с датировкой 01.01.2000 вы пишете: «Замечаю странную вещь: когда Шаман укажет на какое-либо отношение между явлениями мира, вещами, людьми, все становится понятным и ясным. Но сам я этих отношений не вижу». Вы можете посоветовать какие-либо практики для того, чтобы человек смог осознавать себя и, как результат, замечать что то новое вокруг себя?

В книжке «Свобода Шамана» (маленькая, свободно скачивается в Сети) в разделе «Практики моря» изложена начальная практика, которую можно адаптировать к своим условиям. Эта практика безобидна, только на нее не нужно тратить много времени. Более мощные практики я не описываю. Уже писал, что не хочу увеличивать количество клиентов психологов и психиатров своими текстами.

18. Было бы интересно узнать, что известно Шаману о Гиперборее? *В первой книге эта тема была едва затронута.*

Шаман утверждает, что доказательства существования древних и других пока неизвестных науке цивилизаций будут представлены и признаны очень скоро. В период существования этих цивилизаций физические законы и константы были иными, чем сейчас. Даже без учета другого мировоззрения одно это уже очень затрудняет интерпретацию следов других цивилизаций.

Я прошу это выделить: *когда* ***динамика*** *физических законов и констант будет признана и исследована, тогда станут понятными многие артефакты.*

19. Вопрос к Шаману: знает ли он, откуда и с какой целью прибыли его предки, т.к. ***я где-то читал, что есть племя на одном острове — они все названия помнят, всех предков, названия звезд, планет — ученые даже удивились, откуда они это все знают?***

Я думаю, что знает. Но об этом не рассказывает. Существует какой-то общий принцип многих знающих людей: не рассказывать о себе.

20. ***Вопрос к вам, Владимир.*** **Зачем Шаман при всей своей внутренней аскезе подался в город? В чем его практика в сумбурном обществе при его-то образе жизни, или это праздное любопытство? Как вы думаете, что он (Шаман) хочет там найти?**

Это не каприз, не любопытство, а совершенно необходимая практика постоянного изменения образа жизни. Именно в такой практике человек преодолевает застойные изменения в своей психике, сознании.

К сожалению, существует верный миф только о мудрецах, тысячелетиями живущих где-то горах на одном месте.

Может быть, такие и есть, но тогда непонятно, как они сохраняют уровень подвижности, адаптации и проектирования без постоянных реальных вызовов к таким умениям.

21. *Как считаете, Владимир (не про Шамана),* жизнь — для общества или для себя? В муравейнике или одиноким волком? Интересует сугубо ваше мнение. Согласны ли вы с фразой: «Человек рождается, страдает и умирает один»?

Личность — социальное явление. В сложившихся сегодня мировых условиях развитие через личность — пока единственный путь развития для подавляющего большинства известных нам людей. Например, мы умеем говорить, читать и писать благодаря системе семейного и государственного образования. Это позволяет нам обмениваться текстами и таким образом развиваться.

Естественно, что люди пытаются отдать что-то системе, в которой они сформировались. Они так и воспитаны. Многие хотят сделать так, чтобы система стала гуманнее, лучше. Взаимодействие с системой и с другими людьми является основой большинства осознанных смыслов современных людей. Часть людей пытается найти новые пути развития. Но это, как правило, уже очень развитые люди... Осознанное одиночество — сильное испытание, которое немногие могут выдержать без патологических изменений психики.

Теперь про фразу. Фраза красивая. Но большинство людей умирают в соответствии с их религиозным или атеистическим мировоззрением. То есть с ритуалами. Многие —

с внутренними ритуалами. Что происходит на самом деле дальше, мы пока достоверно не знаем.

22. Добавлю еще вопрос к вам, Владимир. Зачем Шаману его существование в подобной ипостаси? Не считает ли он разум лишь вспышкой проявления своего Я, со временем (смертью) потухшим? Я клоню к тому, что подобные люди-странники, «смотрящие за». В чем суть Шамана как индивидуальной основы?

Это вопрос о смысле жизни Шамана. Я не берусь судить. Мои догадки (не мнение Шамана) — некоторая основа, она неуничтожима, даже если бы теперь сам Шаман или кто-то еще этого захотел.

23. Как считает Шаман: в чем цель существования цивилизации людей на планете Земля? Когда люди покинут Землю?

Цель — развитие сознания. Не только рационального разума, а всего сознания, и индивидуального, и коллективного. Люди никогда не покинут Землю. То есть были и будут цивилизации, достигшие уровня систематичных межзвездных перелетов и переходов. Но свою историю покинуть невозможно, так люди уже есть на Земле со всем своим прошлым и будущим.

24. Какое предназначение у человека, в чем его смысл жизни? Человек дитя Земли или космоса?

Смысл — сознательное эволюционирование, сознательные усилия. Человек — дитя и Земли и космоса.

25. Как давно прапрапредок современного человека появился на Земле?

Земные предтечи человека были здесь изначально от образования (сотворения) планеты. Другие приходили постоянно. Это происходит и сейчас.

26. Как происходит перевоплощение души в одной среде, в одном народе (роде)? Душа животного может воплотиться в тело человека или души животных могут воплощаться только в тела животных?

Это зависит от уровня развития того, что многие называют термином «душа».

27. В чем разница между людьми разных рас и народов, насколько она глубока, может, все народы имеют свою цивилизацию в космосе?

Насчет цивилизаций в космосе не знаю. Все народы имеют свои [нет термина — проектные представительства] в мире идей.

28. Сколько было таких цивилизаций, как Гиперборея, откуда она возникла и почему погибла? Есть версия, что они воевали с Атлантидой.

Каких таких? Мы не знаем пока почти ничего ни о Гиперборее, ни об Атлантиде. Да, были цивилизации, погибшие в войнах. Но я уже говорил, что тогда даже физические константы были другими.

29. Кто понастроил на земле грандиозные объекты, такие как Пирамиды, огромные храмовые комплексы, Китайскую стену, древние города в Южной Америке и для чего?

Многие «артефакты» построены, конечно, не для современных людей. По-моему, общая интерпретация — остатки технических и культовых сооружений — правильна.

30. Почему в России тяжело жить людям на протяжении целых столетий?

Тяжело или сложно? Мы видим, что наша жизнь менее нормирована и благоустроена. Все это от меня или вас не очень зависит и далось очень дорогой ценой. Парадоксально, но сегодня россияне (нормальные, а не те, которые ударились в западное потребительство, растеряв нормы) более всего готовы к грядущим изменениям. Не только физически, во всех смыслах.

Наталья Алексеева
Негромкая дата

(6 октября писателю и профессору исполнилось 60 лет)

Его многочисленные научные работы написаны доступным языком и популярны у читателей. В них он последовательно развивает тему «северного невроза» и «эффекта отложенной жизни». И, конечно, широкий резонанс публики вызвали его книги о Шамане — необычном человеке, который общается с животными и растениями.

Владимир Павлович, какая из ваших книг о Шамане вам больше всего нравится и почему?

Все это («Хохот Шамана», «Свобода Шамана», «Шаманский лес») сейчас объединено в одну книгу, которая постепенно увеличивается. Наверное, нужно думать просто о втором томе. В каждом новом тексте есть фрагменты, которые нравятся больше или меньше.

А сколько уже вышло переизданий книг о Шамане?

На русском языке есть 24 тиража (еще пиратские, но их невозможно учесть), также текст пиратами продается в электронном виде. Есть три издания на немецком, одно на болгарском (пиратское), одно на литовском. Сейчас мне привезут пиратское издание еще на одном языке, но пока его нет в моих руках, не буду наговаривать.

60 лет — это много или мало? Чувствуете ли вы себя на этот возраст?

Много. Чувствую не столько физически, сколько психологически. Например, люди новых поколений не знают, как моим ровесникам кажется, «элементарных» вещей. Но и мы с их точки зрения не знаем и не умеем «элементарных» вещей. И их уже, в свою очередь, удивляют их собственные дети, которые (как мои студенты потрясенно шутят) рождаются с уже «встроенной программой» пользования гаджетами. Это, конечно, не совсем так, просто у разных поколений разные условия, источники и движущие силы развития.

Возрастному человеку нужны осознанные усилия, чтобы успевать за миром. Об этом немного написано в «Хохоте Шамана».

Почему вы уехали из Магадана?

Смотрите: я улетел в этом году 31 августа и прилетел 4 октября. А до этого улетал 11 мая и прилетел 23 июля. И так уже пятый год. Живу и прописан в Магадане, а работаю в Москве. В Магадане пока нет для меня работы. Проработал в СВГУ 23 года, но стал слишком неудобен для предыдущего руководства. Высшая школа экономики в Москве (НИУ ВШЭ) входит в топовые рейтинги университетов мира, там мне иногда дают научные надбавки, гранты, второй год подряд признают лучшим преподавателем. А в Магадане нравится жить.

Над чем сейчас работаете? Будет ли продолжение «Шамана»?

Читаю свой курс для магистратур по психологии «Теория и методология современной психологии» и другие курсы (судебно-психологическая экспертиза, экстремальная психология, психосемантика). Только что вышел третий учебник с федеральным грифом («Рекомендовано...») «Психосемантика» (М.: Юрайт, 2016). Там для лучшего усвоения студентами есть 112 примеров, много упражнений с ответами, новые методы психосемантики. Он пролежал в издательской обработке 1,5 года, так что я его опять совершенствую.

В Москве в НИУ ВШЭ с 17 октября начинаю большой факультативный курс «Парапсихологическая феноменология: психологический анализ». На него записались более 300 слушателей, и запись пришлось закрыть (в департаменте психологии нет такой аудитории). Среди записавшихся есть известные доктора (!) и кандидаты психологических и других наук, так что это вызов для меня. С интересом готовлю этот курс.

А вообще как научную проблему в последние годы разрабатываю совершенно некоммерческую тему «Общая теория сознания».

Новый текст «Хохота Шамана» есть. Только что в конце сентября фрагменты опубликованы в питерском журнале «Изящная словесность». Как высвободится чуть времени, подготовлю его в печать.

Приложение 2
Влияние религиозных и эзотерических учений на развитие психологии
Серкин В.П.

(Опубликовано в журнале: Психология. Журнал Высшей школы экономики, 2007. Т. 4, № 4. С. 75—79.)

Резюме

Разделение научных и религиозных учений проходит, по мнению автора, по линии ответа на вопрос о детерминантах человеческой активности. В качестве положительных факторов влияния рассматриваются труды теологов, совокупности этических принципов, сложные модели и принципы анализа, изложенные в религиозных и эзотерических учениях. В качестве отрицательных — стремление религиозных учений к монополизации прав на знание о смысле человеческой жизни и об обосновании этических правил.

Известный в истории психологии период донаучного развития психологического знания характеризуется единством полученных путем самонаблюдения (не интроспекции) первичных знаний и мифологических представлений человека о состояниях сознания (например, сон и бодрствование, усталость и сосредоточенность). Выделенной в этнопсихологических исследованиях особенностью такого донаучного знания является переживание человеком своего единства с окружающим миром и сопричастности (партиципации) как к событиям окружающего мира, так и к тотемным родовым предметам (растениям или животным).

Таким же единством религиозных и научных знаний характеризуется и начало периода развития и накопления психологических знаний в рамках других наук. Разделение научных и религиозных учений проходило, на мой взгляд, по линии ответа на ***вопрос о детерминантах человеческой активности***. Один полюс континуума возможных ответов является полюсом полной материальной детерминированности и базируется сегодня на широко известных работах Ч. Дарвина (Дарвин, 2003), И. П. Павлова (Павлов, 1951) и других естествоиспытателей. Линия другого телеологического полюса (высшей предназначенности) прослеживается в работах Платона (Платон, 2002), Г. Лейбница (Лейбниц, 1983), И. Канта (Кант, 1995), Г.В.Ф. Гегеля (Гегель, 1975) и многих других философов, в чьих работах ранее усматривалась идеалистическая направленность. Значительный вклад в развитие психологического знания, в частности по вопросам развития самосознания, личности и выделения феноменов сознания, был внесен философом Плотином (Плотин, 1995) и опиравшимися на его труды теологами Аврелием Августином (Аврелий Августин, 2000) и Фомой Аквинским (Фома Аквинский, 1997).

В качестве фактора отрицательного влияния религиозных институтов на развитие философии и психологии можно отметить существующее и сегодня стремление адептов религиозных учений к монополизации прав на знание смысла человеческой жизни и обоснование этических правил. Такая монополизация, подкрепленная отблеском костров инквизиции, оказывала и продолжает оказывать влияние на многих ученых, предпочитающих осознанно или неосознанно «не дразнить гусей»[1] и, соответственно, не браться за решение телеологических вопросов, ограничиваясь частными задачами или только изучением очевидных (проявленных) факторов детерминации. Сегодня, однако, очевидно, что без четких моделей целевых и смысловых механизмов сознания, без ответов на вопросы о детерминации настоящего возможными мирами будущего дальнейшая разработка общей теории сознания (и развития психологии) невозможна.

---

[1] Например, в середине 1990-х автору, преподавателю психологии, несколько месяцев звонил приверженец только что обретенного тогда религиозного учения и просил и весьма настоятельно требовал убрать из психологических курсов упоминание о З. Фрейде. В маленьком городе (например, Магадане, но и не только) желающие прослыть «новыми принципиальными» провинциальные журналисты, работавшие, кстати, до перестройки в печатных органах обкома КПСС, не раз обрушивались на преподавание психологии и на всю науку со страниц местной печати. Ректорат дистанцировался от дискуссии. Сегодня можно было бы списать все это на «угар девяностых», но «история повторяется».

Несомненно, полезными для развития науки вообще и психологии в частности являются сложные (сегодня можно сказать — системные) модели (мира, образа мира и влияний на человеческую деятельность) и принципы (многогранного анализа и неразложимости целого на элементы), изложенные в различных религиозных и эзотерических учениях. В качестве классического примера можно привести положение Л. С. Выготского («Мышление и речь») о единицах анализа психического. Его пример с молекулой воды, которая потеряет специфические свойства воды, будучи разложенной на водород и кислород, взят из работы Е. П. Блаватской (Блаватская, 1993) «Тайная доктрина (синтез науки, религии и философии)», впервые опубликованной в 1888 г., т. е. еще до рождения Л. С. Выготского. Разумеется, в годы первой публикации «Мышления и речи» Л. С. Выготский не мог ссылаться открыто на Е. П. Блаватскую, работа просто не была бы опубликована. Но он и не стремился скрыть от читателя авторство подхода, так как взял для иллюстрации именно пример Е. П. Блаватской, хотя мог бы придумать другой.

Стало банальным, но невозможно в контексте обсуждаемого вопроса хотя бы не упомянуть, что именно мифологические образы и сюжеты легли в основу классических моделей невротических конфликтов в работах З. Фрейда и столь ярко выписанных архетипических персонажей К. Юнга.

Примером взятой из эзотерической литературы модели для автора является использованный им при разработке процессуальной модели образа мира (Серкин, 2005) модельный конструкт «брамфатура»[1]. *Суть устройства брамфатуры составляет «пронизывание» одной подсистемой другой подсистемы.* Аналогично индивидуальный образ мира понимается нами вслед за В. А. Лефевром (Лефевр, 1996) и А. Г. Асмоловым (Асмолов, 1996) как подсистема ноосферы. Возможно, что наиболее удачными моделями сознания и психики также будут брамфатуры. В предлагаемой многомерной[2] модели структуры образа мира мотивационная, целевая и ситуационная подсистемы «пронизывают» друг друга: мотивационная подсистема пронизывает и детерминирует целевую и ситуационную. В свою очередь, целевая подсистема пронизывает и детерминирует ситуационную.

Вопрос о том, ***откуда в религиозной и эзотерической литературе появились описания столь сложных модельных конструктов и столь четких и разнообразных подходов к анализу систем***, до сих пор или совсем не используемых, или мало используемых в современных научных описаниях, заслуживает отдельного обсуждения. Немногочисленные известные авторы таких описаний ссылаются на процессы

---

[1] Брамфатура Земли (Шаданакар) — совокупность всех пронизывающих друг друга слоев реальности (оболочек реальности) Земли (Андреев, 1997). Аналогичные модели многих оболочек тела человека используются в теософии, йоге и др., но без использования подобного термина.

[2] Постулируемая многомерность является необходимым, вынужденным ходом для описания порождающей модели, объясняющей полученные феномены. Этим ходом вынуждены были воспользоваться многие авторы, начиная с Платона («Наш мир лишь тень мира идей»). Его использовал и Д. Андреев, описывающий Розу мира, и А. Н. Леонтьев (Леонтьев, 1983), описывающий образ мира.

«откровения», «послания свыше», «постижения», «диктовки». Кавычки здесь использованы лишь для обозначения номинации, так как содержательно сложнейшие описания, правдивость которых часто подтверждается новейшими научными данными, реально существуют и в весьма древних, и в современных религиозных и эзотерических текстах. Таким образом, вопрос о вненаучных пока путях познания, открывающихся человеку в особых состояниях сознания, является современным «вызовом», на который психологическая наука не спешит ответить.

В религиозных и эзотерических практиках ответ на этот вопрос существует. Он описывается как различные модификации практического использования легко прослеживаемой в науке от Платона (Платон, 2002) до Р. Декарта (Декарт, 1989) и далее линии разделения бессмертной души (мыслящая субстанция) и временного вещественного тела (протяженная субстанция). Это разделение еще за тысячелетия до работ Платона можно также увидеть в древнеиндийских йогических учениях и учениях о кармических перевоплощениях. Согласно многим религиозным и эзотерическим практикам (психотехникам), знание или переживание можно получить, сконцентрировавшись на переживании соответствующего символа (представления, знака, вопроса, предмета) и добившись временного освобождения от телесных ощущений.

Особо следует отметить использование в прикладных психологических разработках религиозных и эзотерических практик вхождения в измененные состояния сознания. Общеизвестно использование в психотерапевтической, тренинговой и просто тренерской работе различных (активных и пассивных) медитативных состояний. При этом самыми квалифицированными специалистами в достижении этих состояний и в обучении практикам достижения этих состояний считаются именно профессиональные представители соответствующей религиозной конфессии или эзотерической школы.

Несомненно, влияние религиозных этических принципов на становление теорий обучения и воспитания, так как при разработке ранних концепций именно усвоение (на современном языке — интериоризация или становление «СверхЯ» в зависимости от психологической школы) совокупности религиозных принципов являлось моделью желаемого воспитательного результата.

Примеры обратного влияния (психологии на религиозные или эзотерические учения) найти гораздо труднее, так как в соответствующей литературе не принята четкая система научных ссылок на первоисточники. Явные параллели с идеями психоанализа и трансактного анализа можно усмотреть в тех фрагментах работ К. Кастанеды (Кастанеда, 1992—1997), которые касаются обсуждения взаимоотношений автора дневниковых записей с родителями и знакомыми, но ввиду полного отсутствия ссылок сопоставления всегда будут оставаться предположительными.

Прогнозирование дальнейших взаимоотношений религиозных, эзотерических и научных концепций достаточно очевидно. Со стороны адептов религиозных и эзотерических учений это скептицизм и недоверие ввиду слишком зависимого только от человека способа познания, с одной стороны, и частичное заимствование и адаптация к своим учениям научных знаний без ссылок на первоисточники, с другой. Так, например, мало кто из религиозных деятелей будет сегодня настаивать на тезисе о плоской Земле, стоящей на трех китах, и оспаривать естественнонаучные космогонические знания[1]. С позиций представителей научных школ — скептицизм и недоверие ввиду отсутствия доступных методов верификации знания, с одной стороны, интерес и заимствование идей и концепций, с другой.

---

[1] Тем не менее в упомянутой выше «Тайной доктрине» приводится более сложная, чем современная естественнонаучная, космогоническая концепция, в которой, в частности, утверждается, что субстанция Вселенной (и Земли) в другие периоды развития определялась и будет определяться другими «физическими» (пространство, время, плотность и пр.) свойствами.

Литература

Аврелий Августин. О граде Божием. М.: АСТ, 2000.

Андреев Д.Л. Собр. соч. в 3 т. Т. 2. Роза мира. М.: Редакция журнала «Урания», 1997.

Асмолов А.Г. Культурно-историческая психология и конструирование миров. М.: Изд-во «Институт практической психологии», Воронеж: НПО МОДЭК, 1996.

Блаватская Е.П. Тайная доктрина. Смоленск: редакционно-издательский центр «Ток», 1993. Т. 1.

Выготский Л.С. Мышление и речь // Выготский Л.С. Собр. соч. М.: Педагогика, 1982. Т. 2.

Гегель Г.В.Ф. Энциклопедия философских наук. В 3 т. М.: Мысль, 1975—1977.

Дарвин Ч. Происхождение видов путем естественного отбора. М.: Тайдекс Ко, 2003.

Декарт Р. Соч. в 2 т. М.: Мысль, 1989.

Кант И. Критика практического разума. СПб.: Наука, 1995.

Кастанеда К. Учение Дона Хуана. В 10 т. Киев: София, 1992—1997.

Лейбниц Г.В. Соч. в 4 т. М., 1983.

Леонтьев А.Н. Избранные психологические произведения. В 2 т. М.: Педагогика, 1983.

Лефевр В.А. Космический субъект. М.: Инкварто, 1996.

Павлов И.П. Соч. в 6 т. М., 1951.

Платон. Избранные диалоги. М.: Рипол классик, 2002.

Плотин. Сочинения: Плотин в русских переводах / Сост. М. Солопова. СПб.: Алетейя, 1995.

Серкин В.П. Структура и функции образа мира в практической деятельности: Дисс. … докт. психол. наук. М.: МГУ им. М.В. Ломоносова, 2005.

Фома Аквинский. Сумма теологии I<II. Вопрос 18. О благе и зле применительно к человеческим действиям вообще // Вопросы философии. 1997. № 9.

Фрейд З. Психология бессознательного. М.: Просвещение, 1990.

Юнг К.Г. Проблемы души нашего времени. М.: Издательская группа «Прогресс», «Универс», 1993.

Приложение 3
СПЕЦИФИКА ОБРАЗА МИРА И ОБРАЗА ЖИЗНИ ШАМАНА[1]

В. П. Серкин

Опубликовано в коллективной монографии «Образы, традиции и культура межнационального мира и согласия: коллективная монография / науч. ред. А. Д. Карнышев. Иркутск: Изд-во ИГУ, 2014. С. 197—225 (п. 2.3).

Аннотация. Предпринята попытка описать специфику образа мира и образа жизни шамана на основе моделей общей и профессиональной структуры образа мира и образа жизни.

---

[1] Работа выполнена при поддержке РГНФ, грант 12—06—00463а: Невроз отложенной жизни: специфика образ мира и образа жизни.

Ключевые слова: образ мира, образ жизни, профессиональная специфика, модель, космогония, деятельность, шаман.

1. Введение

Для работы с приобретающими в последние десятилетия все большую актуальность проблемами межкультурной и межэтнической толерантности и конструктивного диалога культур требуются уже не только многочисленные эмпирические исследования, но и осмысление, и интеграция накопленных данных на основе современных научных моделей и категорий.

Чтобы глубоко «понять другого», необходимо увидеть мир с его точки зрения, «войти» в его мир и понять (воспроизвести, а лучше — освоить) его образ жизни. При использовании такого подхода важнейшей является дихотомия новейших понятий отечественной психологии «образ мира» (внутренний, непроявленный план) и «индивидуальный образ жизни» (проявленная вовне система активности (деятельностей) субъекта).

В предлагаемой статье на основе моделей образа мира и индивидуального образа жизни предпринята попытка описания особенностей образа мира одного из самых древнейших, самых изучаемых и, тем не менее, самых таинственных и неизученных профессионалов — шамана.

Период донаучного развития психологического знания характеризуется единством полученных путем наблюдения и самонаблюдения первичных знаний и мифологических представлений о состояниях сознания (например, сон и бодрствование, усталость и сосредоточенность, транс и скрупулезность, экстатические состояния и монотония, медитация и опьянение, космическое сознание и одержимость и др.). Выделенной в этнопсихологических исследованиях особенностью такого донаучного знания является переживание человеком своего единства с окружающим миром и сопричастности (партиципации) как к событиям окружающего мира, так и к тотемным родовым предметам (растениям или животным).

Многие явления шаманской практики — наблюдаемые, зафиксированные на кинопленку и электронные носители и описанные большим количеством авторитетных ученых — до сих пор остаются необъясненными с позиций классической науки. В частности, общепсихологические проблемы биологического и социального, врожденного и приобретенного, психофизическая и психофизиологическая проблемы при изучении шаманизма приобретают новые особенные аспекты: внеисторического (присущего изначально всем народам — например, измененные состояния сознания, сны, представления о путешествиях в верхние и нижние миры) и исторического; натурального и культурного (взаимовлияние культур, влияние религиозных представлений и др.). Mircea Eliade [31] считает, что именно наличие внеисторических (аналогичных, сходных независимо от истории и культуры и уровня развития) знаний и возможность их получения в измененных состояниях сознания позволяет нам размышлять об истинном положении человека в космосе.

Новейшие данные современной (неклассической) физики, биологии, физиологии и других «естественных» наук заставляют исследователей с удивлением «увидеть», что получаемые ими факты и предлагаемые объяснительные модели подробно, иногда даже полнее научных объяснений, изложены в мифах, религиозных или эзотерических текстах и даже использованы уже в рецептах и ритуалах шаманов многих народов мира. Кроме того сегодня мы видим в различных религиозных и эзотерических текстах более сложные модели, чем те, что используются в современных научных концепциях (например, брамфатура в «Розе мира» Д. Андреева [1], взаимопроникающие оболочки тела человека в йоге и др.), а сравнение «старых» эзотерических моделей с «новейшими» научными уже не позволяет честному исследователю отнестись к еще более сложным моделям пренебрежительно. Это заставляет нас гораздо более внимательно, критично, но без предубеждения и чувства превосходства отнестись к изучению профессиональной деятельности шаманов и постараться непредвзято ответить на хотя бы следующие вопросы:

1. Откуда в разных регионах планеты у многих не знающих друг друга шаманов появились очень сходные, эффективные, только объясняемые или еще недоступные научному объяснению вполне прикладные знания и умения?

2. Как, с помощью какого образа мира и образа жизни, какого мировоззрения и какой философии, с помощью какой практики и какого обучения шаманы приобрели эти знания и умения до уровня вполне уверенного, компетентного знания и прикладного использования?

Шаманизм — наиболее древняя форма религиозности. Он появился в ту эпоху, когда необъяснимые проявления сил природы персонифицировались как антропоморфные проявления Духов различных стихий, предметов, людей (предков) и животных. Невозможно было выжить одному, просто не хватало физически времени выполнять все необходимые для выживания работы. Невозможно было выжить и без поддержки сил природы (Духов). Заручиться поддержкой и покровительством таких сил можно было лишь в том случае, если человек не нарушал гармонию сложившихся природных отношений, дружил с соответствующими Духами, Стихиалями, животными и другими сущностями. Таким образом, наличие невидимого, но реально влияющего на жизнь мира Духов и проявлений различных природных сил было для человека очевидным и неоспоримым.

В таком мире каждый человек придерживался определенных ритуалов (бытовой шаманизм) и правил взаимодействия с другими мирами (мир Духов, мир предков и пр.). В случае если обыденные отношения с тонким миром нарушались (болезнь, смерть, несчастный случай, череда непонятных, но значимых явлений, нарушения табу, полоса неудач и пр.), человек обращался за помощью к специалисту, посреднику общения с тонким миром — шаману. Шаманом не мог быть человек, просто вообразивший наличие у себя определенных способностей. Даже весьма скептично настроенные по отношению к шаманизму этнографы советского периода называли шаманов «избранниками Духов» [5, 27 и др.].

Варианты такого «избранничества» могут предопределяться наследственностью [11, 19 и др.], династийностью (см. строку 3 Табл. 3), родовой передачей (варианты посвящения), родственными связями или необычными знаковыми событиями (удар молнией, деревом, появление неизвестного, редкого или магического животного, взаимодействием с животным и пр.). Обычно избрание сопровождается весьма тяжелой шаманской болезнью, включающей в себя переживания смерти, замены тела и возрождения. Во время шаманской болезни человек переживает наряду с физическим [5, 27, 30 и др.] психологический кризис, часто сопровождаемый измененными состояниями сознания. Настоящим Шаманом считается лишь человек, неоднократно доказавший на деле своим весьма практичным соплеменникам умение получить позитивный реальный результат в трудных и разнообразных ситуациях (чаще всего — исцеление, поиск, прогнозирование, ритуалы; иногда — функции современной системы образования — культурная, профессиональная и социальная).

Обучение деятельности шамана, кроме традиционных форм передачи опыта, часто является партиципативным или происходит путем непосредственной «передачи» знаний и умений от Духов, животных, деревьев и других сущностей. В последнем случае довольно часто знание о том, что делать в данном конкретном случае (болезнь, несчастье, нарушение табу и пр.) шаман получает, находясь в измененном состоянии сознания (транс, медитация, сон и др.).

Работая над данной статьей, я стремился, как и при написании книги «Хохот Шамана» [22], с одной стороны, попытаться описать специфику образа мира и образ жизни шамана, с другой — не написать, как уже многие неосторожные авторы, никаких алгоритмов шаманских практик, некультурное и неумелое использование которых может вместо пользы нанести вред оптанту и окружающим.

2. Понятие «образ мира» и модели образа мира

В 1979 году была опубликована статья А. Н. Леонтьева «Психология образа» [12], в которой автор ввел понятие «образ мира», имеющее сегодня очень большой описательный потенциал для всех направлений психологии [2, 3, 4, 10, 15, 26 и др.]. Понятие было введено для обобщения эмпирических данных, накопленных при исследованиях восприятия. Как понятие «образ» является интегрирующим для описания процесса восприятия, так понятие «образ мира» является интегрирующим для описания всей познавательной деятельности.

Для адекватного восприятия предмета необходимо и восприятие всего мира в целом, и «вписанность» воспринимаемого предмета (в широком смысле слова) в образ мира в целом. Анализируя тексты А. Н. Леонтьева, можно выделить следующие свойства образа мира:

1) образ мира «предзадан» конкретному акту восприятия;

2) объединяет индивидуальный и социальный опыт;

3) образ мира наполняет воспринимаемый предмет значением, то есть обуславливает переход от сенсорных модальностей к амодальному миру. Значение А. Н. Леонтьев назвал пятым квазиизмерением (кроме пространства-времени) образа мира.

В наших работах [20] экспериментально доказано, что субъективное значение событий, предметов, и действий с ними структурирует (и порождает) образ мира совсем не аналогично структурации метрических пространств, аффективно «стягивает и растягивает» пространство и время, расставляет акценты значимости, нарушает их последовательность и инверсирует. Также как две точки, далеко отстоящие на плоском листе, могут соприкоснуться, если сложить лист в трехмерном пространстве, далеко отстоящие по временным и пространственным координатам предметы, события и действия могут соприкасаться по значению, оказаться «до», хотя и произошли «после» по координатам пространства-времени. Это возможно потому, что «пространство и время образа мира» субъективны.

Порождающие функции образа мира [20] обеспечивают построение многих субъективных «вариантов реальности». Механизмом порождения и выбора возможного (прогноза) является не только и не столько логическое размышление, сколько «семантика возможных миров», направляемая ядерным слоем (целемотивационным комплексом) образа мира.

Для дальнейшего использования приведем пять составленных нами ранее определений понятия «образ мира» [20]:

1. Образ мира (как структура) — интегральная система значений человека. Образ мира построен на основе выделения значимого (существенного, функционального) для системы реализуемых субъектом деятельностей). Образ мира, презентируя познанные связи предметного мира, определяет, в свою очередь, восприятие мира.

2. Образ мира (как процесс) — интегральный идеальный продукт сознания, получаемый путем постоянной трансформации чувственной ткани сознания в значения.

3. Образ мира — индивидуализированная культурно-историческая основой восприятия.

4. Образ мира — индивидуальная прогностическая модель мира.

5. Образ мира — интегрированный образ всех образов.

А.Н. Леонтьев [12] и многие его последователи [15, 26 и др.] описывали двухслойную модель образа мира (рис. 1), которую можно представить в виде двух концентрических окружностей: центральная — ядро образа мира (амодальные, структуры), периферийная (чувственное оформление) — картина мира.

Рис. 1. Двухслойная модель образа мира [12, 15, 26 и др.]

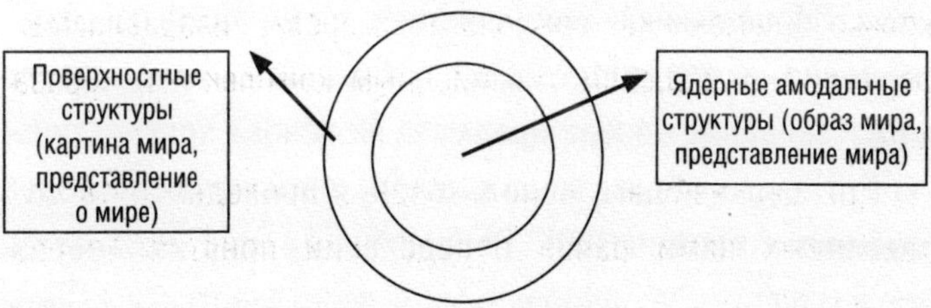

Ввиду трудностей операционализации исследования образа мира на основе двухслойной модели была в наших работах [3, 4, 20] использована трехслойная модель — в виде трех концентрических окружностей: ядерный внутренний слой (амодальный целемотивационный комплекс), средний семантический слой и внешний слой — перцептивный мир (рис. 2).

Рис. 2. Трехслойная модель образа мира [3, 4]

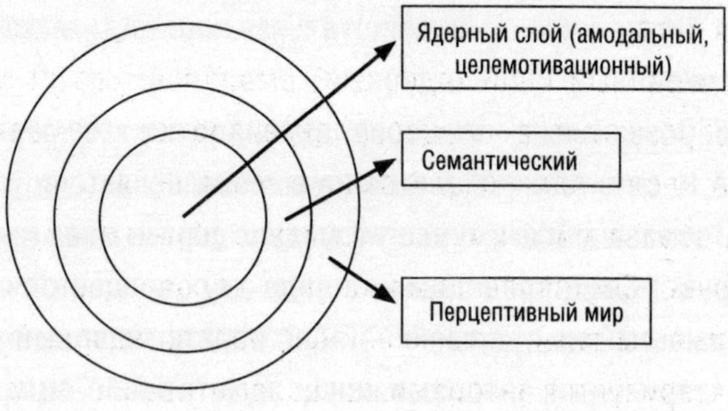

Перцептивный мир является наиболее подвижным и изменчивым слоем образа мира. Образы актуального восприятия являются составляющими перцептивного мира. Перцептивный мир модален, но он является одновременно и представлением (отношение, предвидение и достраивание образа предмета на основе прогностической функции образа мира в целом), регулируемым более глубокими слоями [20]. Перцептивный мир осознается как множество упорядоченных в пространстве и времени движущихся объектов (в том числе и свое тело) и отношение к ним. Возможно, что собственное тело задает одну из ведущих систем пространственно-временных координат.

Семантический слой является переходным между поверхностными и ядерными структурами. Семантический мир не амодален, но, в отличие от перцептивного мира, целостен. На уровне семантического слоя Е.Ю. Артемьева [2] выделяет собственно смыслы как отношения субъекта к объектам перцептивного мира. Эта целостность определяется уже осмысленностью, означенностью семантического мира.

Глубинный слой (ядерный) амодален. Его структуры образуются в процессе переработки «семантического слоя», однако для рассуждения о «языке» этого слоя образа мира и о его структуре данных пока недостаточно. Составляющими ядерного слоя являются личностные смыслы. В трехслойной модели ядерный слой характеризуется авторами как целемотивационный комплекс, в который включается не только мотивация, но наиболее обобщенные принципы, критерии отношения, ценности.

Развивая трехслойную модель образа мира [3, 4], можно предположить, что перцептивный мир имеет области перцепции и апперцепции (зоны ясного сознания по Г. Лейбницу), аналогичные вундтовским зонам. Термин «области апперцепции», а не «зоны апперцепции» выбран нами не случайно. В этом термине подчеркивается и преемственность идей Лейбница и Вундта, и различие в содержательном наполнении термина. В отличие от В. Вундта сегодня можно указать не на ассоциативные и произвольные, а на мотивационные, целевые и антиципирующие детерминанты выделения областей апперцепции [20]. Кроме того, учитывая доказанное С.Д. Смирновым [26] положение о том, что восприятие является субъективной деятельностью, можно сказать, что выделение областей апперцепции детерминировано не только актуальной стимуляцией, но и всем предыдущим опытом субъекта, направляется целями действий практической деятельности и, конечно, детерминантами собственно познавательной деятельности. Области апперцепции вовсе не являются сплошными, как это было у Вундта. Например, в экспериментах У. Найссера [14] четко показано, что при восприятии двух наложенных видеоизображений испытуемые легко выделяют по заданию любое из них, что обусловлено антиципирующим влиянием прогностических функций образа мира.

Аналогичные области существуют и в глубоких слоях образа мира. Возможно, что психологическим механизмом изменений перцептивного мира, а за ним — более глубоких слоев является именно динамика актуализации областей апперцепции, содержание которых в свою очередь определяется мотивом (предметом) деятельности человека. Части перцептивного мира, которые наиболее часто находятся в областях интенсивной перцепции, то есть связаны с предметом деятельности, являются наиболее хорошо структурированными и развитыми. Если представить модель трехслойной структуры образа мира как сферу, в центре которой находятся ядерные структуры, средним слоем является семантический слой, а внешним — перцептивный мир, то профессиональная функциональная подструктура моделируется как конус, растущий вершиной из центра такой сферы (рис. 3).

Рис. 3. Функциональная (деятельностная) апперцептивная подсистема образа мира [20]

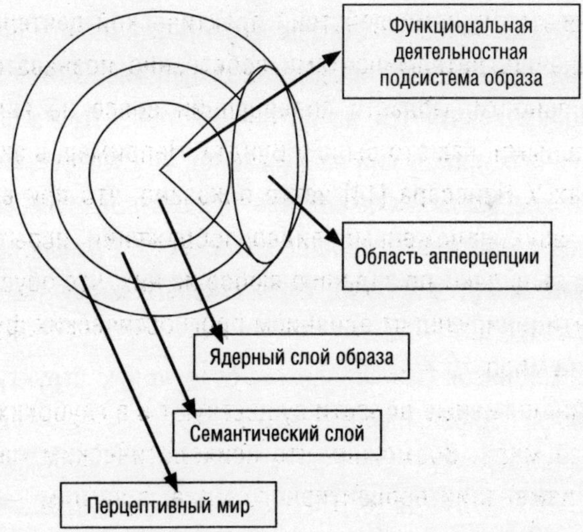

Устойчивые деятельностные функциональные подсистемы образа мира формируются в любой деятельности, но особенно явно «проявлены» при изучении профессиональной деятельности: профессионал часто демонстрирует, что он «видит», «слышит», «чувствует» особенности своей предметной области (стук двигателя, стыки обоев, оттенки цвета или звука, неровности поверхности и пр.) лучше непрофессионалов вовсе не потому, что у него лучше развиты органы чувств, а потому, что определенным образом «настроена» функциональная апперцептивная система образа мира.

Профессиональное отношение к предметам и средствам профессиональной деятельности Е.Ю. Артемьева [2] назвала миром профессии. В основе предлагаемой

Е. А. Климовым [10] многоплановой структуры образа мира профессионала лежит тезис о том, что профессиональная деятельность — один из факторов типизации индивидуальных образов мира: 1. Образы окрестного мира у представителей разнотипных профессий существенно отличаются. 2. Социум квантуется на различные объекты по-разному в описаниях профессий разных типов. 3. Существуют специфические различия в картине предметной отнесенности гнозиса разнотипных профессионалов. 4. **Разные профессионалы живут в разных субъективных мирах** (выделено мною — В.С.).

Е. А. Климов [10] предложил следующую структуру образа мира профессионала (табл. 1):

Таблица 1

Структура образа мира профессионала [10]

1.	Дальний план: то, что известно, стабильно, но имеет мало значения для человека.
2.	Общий план: то, что известно «в общем», не дифференцированно.
3.	Средний план: выделяемая как «моя», «интересующая меня» часть общего плана.
4.	Первый план: специфические, значимые для профессиональной деятельности системные целостности.
5.	Крупный план: вся совокупность оперативных образов, возникающих у человека во время работы.
6.	План деталей: актуализация в сознании известных специалисту деталей (тонкостей) предмета рассмотрения.
7.	Оперативный план детализации: аналитическая и синтетическая деятельность, порождение новых, в частности, более детальных представлений во время работы.

Седьмой план является наиболее динамичным в обычных условиях, первый — наименее. Образ мира профессионала состоит из вполне определенных системных целостностей, распад которых приводит к утрате профессиональной полезности представлений.

3. Психологическое понятие «образ жизни»

Понятие «иерархия мотивов» подразумевает существование иерархизированной системы деятельностей субъекта. Парадоксально, но в отечественной психологии до 2005 года не было понятия, характеризующего всю систему актуально (сегодня, сейчас) реализуемых субъектом деятельностей. Таким понятием является введенное нами понятие «образ жизни» в его психологическом наполнении [20]. В психологическом понятии «образ жизни» учитываются специфика и различие образов жизни одного и того же человека в разные периоды, динамика изменения образов жизни (Петров — ребенок и Петров — взрослый, в студенчестве и на пенсии, и т.д.) и разных людей в рамках одного и того же общественно-исторического уклада, периода, региона (например, моряка и учителя, политика и отшельника).

В философии, социологии и экономике с помощью понятия «образ жизни» описываются типичные виды жизнедеятельности в единстве с исторически конкретными условиями жизни. В психологических словарях понятие «образ жизни» не определяется, но в психологической литературе употребляется в сходном [13, 18 и др.] контексте с указанием именно на уникальность индивидуальных образов жизни.

Соответственно требованиям деятельностной методологии к дихотомии описаний психологической феноменологии «субъектный план — проявления активности субъекта» (например: цель — действие, мотив — деятельность, потребности — жизнедеятельность, идея — реализация, значение — знак и т.п.) должна быть построена и дихотомия описания «образ мира — образ жизни», в которой второй член вводится для описания всей совокупности деятельностей (действий), регулируемых образом мира и изменяющих его. Описание индивидуальной субъективной специфики образа мира всегда будет оставаться неполным и спекулятивным без описания детерминирующей их и детерминируемой ими феноменологии жизни (деятельности) субъекта — индивидуального образа жизни в течение конкретного (актуального) периода.

Образ жизни — система деятельностей, которые человек актуально реализует как субъект индивидуальной деятельности или в которые «включен» (субъектом которых являются общество, группа) в течение определенного жизненного периода, этапа или цикла (до изменения иерархии мотивов). Структура образа жизни детерминируется и образом мира, и планом реальных взаимодействий и в свою очередь детерминирует развитие образа мира.

Именно с изменением иерархии мотивов связано для личности осознание какого-либо периода жизни как психологического прошлого (если иерархия уже изменилась) или психологического настоящего (если иерархия пока неизменна) независимо от внешнего событийного ряда.

В структуре образа жизни выделяются следующие три уровня активности (табл. 2):

Таблица 2

Структура образа жизни [20]

1.	Уровень внутренней деятельности (субъективность пространства и времени).
2.	Уровень коммуникации (согласованность пространства и времени).
3.	Уровень практической деятельности (объективирование пространства и времени).

На уровне внутренней деятельности представления пространство и время субъективно изменяются и даже инверсируются: я могу думать за секунды о событиях, происходящих часами и годами, произвольно изменять временной порядок событий и расположение предметов, их размеры, структуру и другие свойства.

На уровне коммуникации пространство и время становятся конвенциальными (согласованными с другими): чтобы встретиться, мы должны согласовать и время, и место; чтобы понимать друг друга или совместно действовать, мы должны синхронизировать наши ритмы [13].

На уровне практической деятельности ритмы и свойства реальных предметов становятся решающими: чтобы действовать практически, я должен соотнести свое время, свои психические процессы, свои эффекторы (тело и инструментарий) с «сопротивлением реальности», со свойствами предметной реальности.

На ранних этапах развития общества образ жизни целых сообществ был профессионально специфичным. Например, охотничьи племена продвигались по маршрутам миграции дичи, скотоводческие — по маршрутам выпаса скота. Даже жилища (юрты, яранги и пр.) были специально приспособлены для таких постоянных переездов. Весь общественный уклад, распределение обязанностей, иерархия отношений во многом были детерминированы требованиями основной профессиональной деятельности. Соответственно складывался и детерминируемый образом жизни образ мира, который, в свою очередь, начинал влиять на образ жизни. Вся космогония, представление о мире, о календарных циклах, злых и добрых духах неразрывно были связаны с циклами сельскохозяйственной, охотничьей или скотоводческой деятельности.

Сегодня существует множество профессий (геологи; моряки; рыбаки; летчики; космонавты; машинисты поездов дальнего следования; проводники; военнослужащие; специалисты, работающие вахтовым методом и др.), освоение которых требует освоения не только профессиональных знаний, умений и навыков, но и особого профессионального образа жизни. Результаты наших работ и работ наших сотрудников по описанию психологического содержания труда инспекторов рыбоохраны [6], специалистов, работающих в режиме сменного графика [8], старателей [7], военнослужащих, учителей, преподавателей и экономистов [20], бухгалтеров [25] и геологов [29] свидетельствуют о том, что одним из основных условий освоения вышеприведенных профессий является именно освоение (для каждого специалиста — формирование) профессионального образа жизни. То есть в профессии чаще остаются и долго работают те, кто не только хорошо обучался в учреждениях среднего или высшего профессионального образования, но и успешно освоил и принял специфичный профессиональный образ жизни. Таким образом, прогноз успешности процесса профессионализации должен основываться не только на результатах профессионального обучения, но и на готовности и возможности оптанта осваивать профессионально специфичный образ жизни.

Может возникнуть впечатление, что особый профессиональный образ жизни необходим лишь для определенной, хотя и большой группы профессионалов. Однако исследования наших сотрудников [17, 20, 25], показывают, что и учителя, и преподаватели вузов, бухгалтера, экономисты, и психологи с возрастанием стажа работы все более начинают вести особый профессионально специфичный образ жизни, обладающий четко выраженными характеристиками. Чем больше стаж профессиональной деятельности, тем более сходными по группе являются и ценностные ориентации, и семантические оценки, и поведенческие проявления. Обобщая результаты вышеприведенных работ, можно сказать, что все сформировавшееся профессионалы ведут особый профессионально специфичный образ жизни, осваиваемый в процессе профессионализации.

Выделенные ниже четырнадцать параметров описания профессионального образа жизни [23] особенно ярко проявляются в вышеперечисленных профессиях, но присущи в той или иной мере большинству профессионалов (табл. 3).

Таблица 3

Особенности образа жизни профессионалов

1.	Специфические временные циклы профессиональной деятельности (графики учебных или технологических процессов, доставки, проверок, сезонные, вахтовые, квартальные, отчетные, погодные и пр.) существуют у всех профессионалов.
2.	Специфические временные циклы жизни близких (например, членов семьи) профессионала, связанные с временными циклами его профессиональной деятельности (общения с близкими, супружеской жизни, поездок, досуга и пр.).
3.	Существование в рамках многих видов профессиональной деятельности трудовых династий обуславливает специфичность воспитания и формирования системы ценностей профессионала, связанной не только с мотивацией трудовой деятельности, но и с ценностями семьи (и рода).
4.	Специфические временные циклы других форм активности. Например, геолог планирует закончить ремонт квартиры до начала нового полевого сезона; старатель или рыбак планирует отдых не на лето, а на зиму.
5.	Специфика профессионального общения (круг общения, сленг, темы и пр.).
6.	Специфические (специально оборудованные или подобранные) места осуществления профессиональной деятельности.
7.	Специфические настрои и функциональные состояния профессиональной деятельности.
8.	Специфика межличностного общения.
9.	Развитие профессионально важных качеств, личностных качеств и/или профессиональных деформаций личности.
10.	Стереотипы поведения (стиль общения, дресс-код, покупки и пр.), общения, качества и уровня жизни.
11.	Референтная для профессионала группа, ее система ценностей.

12.	Ряд современных профессий обусловливает переживание десинхроноза (как у летчиков при трансмеридиальных перелетах), смены климатических поясов (как, например, у «вахтовиков», регулярно переезжающих с побережья на континент и обратно; у нефтяников, летающих на вахту с юга на север) и смены культурной и языковой среды (моряки, летчики, коммерсанты и др.).
13.	Социальный десинхроноз — несовпадение времени жизни специалиста с временем жизни значимых людей. Социальный десинхроноз часто переживается субъективно тяжелее физиологического.
14.	Адаптация и реадаптация в период начала и окончания сезона или вахты, отчетного и «обычного» периодов к уровню нагрузок (психологических, физических), новой группе общения, изменившимся условиям жизни.

4. Парадигмы шаманского лечения (специфика одной из деятельностей)

Для дальнейшего описания специфики образа мира и образа жизни шамана необходимо чуть более подробно описать в качестве примера специфичность хотя бы одной из многих профессиональных деятельностей шамана. Естественно при этом выбрать для сравнения как наиболее описанную именно целительскую деятельность, так как именно врачебная деятельность является той, с которой приходится сталкиваться подавляющему большинству читателей.

При всем многообразии методик лечения болезней шаманами анализ литературы и наблюдения позволяют выделить восемь нижеизложенных основных парадигм [24] практики исцеления (кроме физических травм). Следует отметить, что нижеприведенная классификация, как и любая другая, является условной. Отдавая дань современным способам изложения (и осмысления) фактологического материала, приходится расчленять единое для шамана целое на условные процессы, реально по отдельности не существующие[1]. Так, например, целью практики работы с окружающей предметной ситуацией является приведение в порядок энергетических потоков и установление благоприятных отношений с взаимодействующими с больным и членами его семьи, сущностями тонкого мира (в русской мифологии с домовыми, лешими, русалками и пр.) и других (Верхнего и Нижнего) миров. Критерием нижеприведенной классификации является лишь очевидно проявленная в предметном мире практика:

1. Работа с окружающей предметной ситуацией. Прежде всего это приведение в порядок или построение системы родовых тотемных символов, их расположения. Во вторую очередь рассматривается и приводится в более правильный порядок обстановка жилища и «подворья» (вместе с домашними животными), снаряжение и одежда. Далее могут быть проконтролированы удаленные захоронения предков и расставленные по охотничьим, рыболовным или кочевым маршрутам талисманы и обереги. Большая часть работы с родовыми символами и захоронениями направлена на взаимодействие с Духами предков.

---

[1] В качестве классического примера можно привести расчленение единого процесса сознания на реально не существующие по отдельности познавательные процессы — ощущение, восприятие, мышление, память, воображение, внимание.

Иногда для приведения ситуации в соответствие с космогоническими представлениями и для шаманского путешествия создаются специальные сооружения (столбы, лестницы и пр.), архитектура и ориентация которых соответствует представлениям о строении мира (трех миров, семи миров), чертятся (насыпаются, настраиваются) особые фигуры и др. В современном мире ярким выражением развития данного направления является концепция фен-шуй.

2. Работа с материальным телом. Этот подход аналогичен бытовой концепции современного фармакологического лечения. Причиной болезни являются недостаток, избыток или нарушения обмена в организме больного определенных веществ, внедрение в организм или в энергетическую структуру человека (например, другим шаманом или в результате случайности) вредных предметов или существ. Такие причины могут быть диагностированы по состоянию визуально наблюдаемых органов (кожа, зрачок, волосы и пр.), путем «видения» энергетики или души (обычно — трех душ соответственно концепции трех миров), функций организма. Но процесс диагностирования, как и в других случаях, не является полностью контролируемым или осознаваемым: довольно часто шаман уже для диагностики заболевания входит в измененное состояние сознания и «возвращается» в нормальное состояние с уже полученным (например, от Духов-помощников) знанием о причине болезни и способе ее лечения. Соответственно, больному прописывается прием через рот, натирание, окуривание или вдыхание определенных недостающих или очищающих веществ.

«Дикие» с точки зрения современной медицины рецепты выглядят так потому, что смеси составляются не на основе их химического, а на основе энергетического состава. Другими словами, смеси составляются не на основе «элементного» подхода, а на основе симпатического (подобие) или энергетического подходов. Для реализации такого подхода используется чувственный, интуитивный метод, применяемый шаманом как человеком, уже доказавшим свои способности более глубоко, чем окружающие, понимать проявления тонкого мира. Иногда изготовление нужной смеси может занимать довольно долго времени. Например, в книге «Хохот Шамана» [22] приведен пример того, как Шаман зимой ставил на окошко своей хижины веточки ольхи, дожидаясь появления ольховых сережек с целью использования их горькой пыльцы. Изготовленные смеси (или даже просто воду) шаман «заряжает» собственной энергией, энергией Духов или стихий (например, облучает смесь солнечным светом через кристалл [11]).

Удаление из тела больного вредоносных предметов или существ иногда происходит путем их высасывания (через ткани и кожу) шаманом, нередко, демонстрации окружающим, затем сжигания, закапывания или помещения в специальный «домик» или предмет. Исследование лечебных практик шаманизма часто затруднено еще и тем, что некоторые лечебные практики кажутся современным исследователям отвратительными или просто негигиеничными.

3. Работа с ритмами, цветами, образами и др. Широко известен применяемый для вхождения шамана в измененное состояние сознания, шаманских путешествий и настройки (перенастройки) динамического стереотипа больного (и присутствующих) шаманский бубен и различные трещотки, иногда емкости с сыпучими веществами (рис, семена и др.). Для устранения ритмических нарушений гармонии и синхронизации больного с миром применяются кратковременные и долговременные (до суток и более) ритмы, песни и танцы. В современной литературе о шаманизме очень мало переводов текстов шаманских песен. И, к сожалению, в существующих переводах почти отсутствуют цветовые описания. Считается, что тело человека и все его составляющие способны очень долго сохранять и воспроизводить полученные извне ритмы и их гармоники. В современной тибетской медицине на этом основаны, например, приемы диагностики заболеваний по пульсу. В обыденном опыте это проявляется в том, что человек способен запомнить определенные мелодии или иногда даже не может «отвязаться» от надоевших и насильственно навязанных (например, музыкальными увлечениями соседа) ритмов. В лечебной практике шамана полезные (природные) ритмы используются для оптимизации состояния больного, для сонастройки с определенными энергетическими потоками (и их цветами) или сущностями. Современная лечебная практика только нащупывает эти утерянные для западной цивилизации методики, что проявляется в различных концепциях музыкотерапии и попытках повысить с помощью музыки урожайность растений, плодовитость животных и пр.

При работе с телом шаман осознанно стремится воздействовать на все модальности восприятия больного, задействовать обоняние (окуривание), вкус (отвары, смеси, специальная пища), зрение (костюмы, маски, фигуры и пр.), слух (ритмы и песни), тактильность (похлопывания, удары, массаж и пр.), активизируя таким образом «чувствительное тело» человека.

4. Работа с энергетическим телом. Концепции устройства энергетического тела (чакры, узлы, каналы, меридианы и пр.) сегодня являются широко известными. Также широко известны и приемы восстановления проходимости каналов (акупунктура, прессура, иглоукалывание и пр.) и нормализации работы чакр (гимнастики, визуализации и пр.). Менее известны практики работы с минералами и растениями (живыми и с брусками деревьев), которые могут забирать излишнюю или вредную энергию и делиться полезной энергией[1]. Еще менее известны и осмыслены аналогичные практики работы с животными[2], хотя такие практики взаимодействия больных, например, с лошадьми и дельфинами используются уже много лет и в современных учреждениях. Практики изготовления различных лечебных талисманов и смесей из минералов, растений, костей, выделений и шкурок животных основаны на этих же закономерностях.

5. Работа с сущностями тонкого мира. Считается, что ряд заболеваний вызван тем, что в теле человека поселились недружественные ему сущности, наносящие вред или просто паразитирующие на его энергии. Кроме практики

---

[1] В книге «Хохот Шамана» [11] главный литературный персонаж говорит интервьюеру об ольхе как растении, забирающем энергию, и о березе как растении, дающем энергию.

[2] Облегчающий эффект взаимодействия с домашними животными известен на основе житейского опыта многим людям.

аналогичной современным бытовым приемам излечения от паразитов (лекарства и запахи) шаманы используют прижигания, пугающие или разрушающие недружественную сущность ритмы, уговоры, крики, угрозы и прямые схватки. Кроме того существуют практики выманивания, изгнания, вычищения (например, взмахами пера [11]) и даже прямого высасывания шаманом недружественной сущности, которую затем шаман изрыгает и селит в специально подготовленный предмет (домик, кусок мяса и пр.). Этот предмет чаще всего относят в удаленное место, закапывают или уничтожают другим способом (сжигают, бросают в поток и пр.).

Если шаману не удается изгнать или извлечь вредоносную сущность, он обращается за помощью к своим Духам-помощникам или даже отправляется в состоянии транса в знаменитое шаманское путешествие в другие края, в нижние или верхние миры с целью встретиться с предками или с могущественным Духом и заручиться их поддержкой.

6. Работа с душой. Другой ряд болезней может быть обусловлен тем, что человек в экстремальной ситуации потерял часть своей души, которая не может или не хочет (из-за острых негативных переживаний в экстремальной ситуации) возвращаться к больному. Тогда шаманское путешествие организуется с целью поиска, помощи, захвата, выкупа или уговоров возвращения потерянной части души. При воссоединении потерянной части души с основной частью человек выздоравливает.

Знания об утраченной части души и иногда о вселившихся в человека вредоносных сущностях не может быть получено никаким иным способом, кроме непосредственного постижения во время измененного состояния сознания. Эти знания могут быть как общими (можно назвать их теоретическими или методологическими), например, о классах вредных сущностей и принципах их изгнания, так и вполне конкретными (например, о том, что именно нужно делать в данном конкретном случае, или о лекарственных свойствах растений)[1].

Особый класс ситуаций — шаманское путешествие в мир предков, в нижние миры или на небо в поисках заблудившейся или захваченной кем-то души умершего человека. Такие путешествия небезопасны для самого шамана, не всегда успешны, сегодня они *совершаются* только в исключительных случаях и далеко не всеми шаманами.

7. Работа с ситуацией тонкого мира используется для нормализации нарушенных по незнанию или из-за потери контроля отношений с Духами, предками или животными, которые, обидевшись, могут нанести вред. Для этого строятся специальные жилища духов, ставятся или обновляются тотемные столбы, изготовляются символические изображения, очищаются и приводятся в порядок места предполагаемого проживания. Практики работы включают в себя жертвоприношения, исполнение ритуальных танцев и песен, просьбы, молитвы.

---

[1] Также в период нахождения в измененном состоянии сознания могут быть получены и другие самые разнообразные знания: космогонические, о человеческих отношениях, информация о потерянном родственнике, о миграциях животных и пр.

8. Активность самого больного.

8.1. Как известно во многих лечебных практиках, для успешного исцеления очень важен настрой больного, его вера в силу действий и слов шамана или другого целителя, приводящих к исцелению.

8.2. Исполнение рекомендованных шаманом процедур и ритуалов не является чисто механическим внешним действованием. Выполняемые больным движения, режимы, танцы, ритуалы, принятие лекарств или соблюдение диет должно обязательно сопровождаться собственным активным внутренним настроем (внутренний шаман) или обращением к образу целителя.

Следует отметить, не критикуя никакую практику, что работа шамана с одним больным по всем восьми вышеуказанным направлениям выглядит более системной и взаимосвязанной с соответствующим глобальным мировоззрением, чем работа врача, работающего лишь с материальным телом. При этом автор ни в коем случае не пытается оспаривать эффект работы врача. Вопрос о реальных эффектах шаманского воздействия еще ждет своего изучения.

5. Образ мира и образ жизни шамана

Воспользуемся теперь изложенными моделями для описания специфики образа мира и образа жизни шамана.

Используя двухслойную и трехслойную модели образа мира (рис. 1 и 2) для **описания ядерного слоя образа мира (целемотивационный комплекс),** мы можем указать на следующие особенности мотивации и личностных черт шамана:

В обыденном образе мира центральной точкой всех систем ориентации человек считает «центр собственного тела», что характеризует становление самосознания нашего современника через отделение своего «Я» от внешнего мира. Вопрос о центре Вселенной ни у кого, кроме астрономов, при этом не возникает. Ориентируясь в обыденном мире, как все современники, шаман одновременно знает, что центром Вселенной (трех или более миров) является проявляющееся во всех мирах (например, Верхний, Средний и Нижний миры) Мировое Дерево (Древо Жизни). Для многих шаманов разделенность собственного центра в обыденном представлении и центра Вселенной является лишь условным осознаванием проявления в физическом мире (строка 1 табл. 2). На этой основе шаман может в другом инфернальном мире мгновенно перенестись к реальному центру (Древу Жизни), обычно используя его символ (столб, дерево, костер и т.п.), и уже от него (или по нему) отправиться в Верхний или Нижний миры или в любую точка пространства-времени (включая прошлое и будущее).

Мотивация и система ценностей шамана значительно отличаются от мотивации и иерархии ценностей субъекта социальной адаптации (социального индивида)[1] и даже от мотивации и системы ценностей развитой личности. Шаман совершенно естественно не считает существующий при его этой жизни общественный строй основным: его космогония включает в себя несколько миров. Временное правительство

---

[1] Социальный индивид как субъект приспособления к социальным условиям еще не является личностью. Личность на основе культуры всегда выше просто адаптации [16].

одного из государств Среднего мира мало что значит (реально — ничего не значит) в мире предков или тем более в мире Духов, а временная перспектива многих перерождений (не у всех шаманов) делает всю эту социальную суету еще менее значимой.

Таким образом, некоторая асоциальность шамана не является позой или особой социальной позицией, а является естественным следствием стремления к гармоничной жизни в своих мирах без преувеличения роли одного из них. Шаман обычно старается не вступать в конфликтующие отношения с властями ни при каком устройстве общества: даже в период агрессивного преследования шаманов властями (примерно с 1923 года по 1973 год) большинство шаманов спасались просто путем ухода в труднодоступные и, соответственно, трудно контролируемые районы и путем сокрытия своей деятельности и мировоззрения. Деятельность и мотивация шамана обычно направлена на сотрудничество с Духами, с окружающими людьми, с животными и другими сущностями. Тот факт, что все шаманы считают Верховных Духов более значимыми, чем любого светского правителя, не является исключительным, а наоборот, характерен для любых политеистических и монотеистических религиозных представлений.

В большинстве источников [5, 11, 19, 27, 31 и др.], описывающих становление шаманов, указывается на присущее им с детских лет или с подросткового возраста стремление к уединению, одиноким прогулкам, походам и пребыванию в различных состояниях сосредоточения. Высокий уровень интравертированности в данном случае может рассматриваться как личностная характеристика, способствующая сосредоточению на собственных впечатлениях, снах и на первоначально тонких, едва ощутимых переживаниях, впоследствии интерпретируемых как знаки контакта или прямые контакты с духами и другими сущностями, без которых шаманское посвящение будет невозможным.

Основные функции образа мира [20] — прогностические, иерархизация мотивации, рефлексия и др. — и шамана, и обычного человека сохраняются, но понятно, что наполнение этих функций у шамана будет качественно другим. Существует множество свидетельств, например, успешного прогноза или предсказания, сделанного шаманом. Это говорит не только об усилении прогностической функции образа мира шамана, но и, возможно, качественно иной структуре ее функционирования на основе иного мировоззрения и взаимодействия.

Обращение к **семантическому слою** трехслойной модели образа мира (рис. 2) позволяет обсуждать особую наполненность образ мира шамана значениями и символами [22]. Шаман живет в сложном мире, где каждый предмет и каждое действие имеют помимо обыденного еще и символическое значение. Одной из важнейших сторон такого символизма является типичная для шаманизма вера во всеобщую одушевленность (панпсихизм), отголоски которой мы находим в гораздо более поздние временные эпохи у древних греков, египтян и индусов, в африканской, европейской или американской магии. Именно одушевленность зверя, рыбы или дерева придают охоте, рыбалке или заготовке леса особое значение, связанное с необходимостью соблюдения ритуалов убийства живого существа, просьб о прощении и возвращении [22].

Предметы (до акта означивания) в обыденной реальности неосознанно «вписываются» в обыденный образ мира у обычного человека [12]. И так же неосознанно они «вписываются» шаманом в его шаманский образ мира с другой космогонией, приобретая в чем-то сходные, а в чем-то совершенно другие характеристики значения. В общей семантике (неопозитивизм) при исследовании соотношения реальной и языковой картины мира предполагается (как и в необихевиоризме, и в когнитивной психологии), что действование (поведение) зависит от значений слова. При другом восприятии реальности и значение, казалось бы, общепонятных слов будет несколько иным, и в свою очередь реальность, описываемая «теми же» словами, будет другой.

В шаманских призываниях Духов-помощников или обращениях к могущественным Духам значение имеет не только значение и смысл текста, но и форма обращения, и подарки (жертвоприношения) с учетом того, что предпочитают призываемые Духи. Практически все авторы, пишущие о шаманизме, отмечают как особое необходимое профессионально важное качество шамана (строка 9 табл. 3) умение «видеть» другие (инфернальные, параллельные, верхние и нижние и др.) миры и населяющих их сущностей, умение правильно (профессионально, по этикету, по ритуалу, когда нужно — с почтением, просьбой и подарками, когда нужно — с угрозой и пр.) коммуницировать с ними.

Наиболее ярко особые системы значений шамана проявлены и описаны выше при диагностике и лечении различных заболеваний.

Перцептивный мир (внешний слой, рис. 2) шамана в буквальном смысле слова объединяет три мира (Верхний, Средний, Нижний), при этом для многих шаманов (не для всех) эти миры являются инфернальными (существующими параллельно, как, например, три кинофильма, проецируемые одновременно на один экран) и отчасти влияющими друг на друга. Дерево жизни является не метафорой единства взаимопроникающих миров, а, говоря терминами К. Кастанеды [9], «точкой сборки», или я бы сказал — «точкой сотворения» всех миров (космоса).

Восприятие шамана можно интерпретировать как культурно-специфичное восприятие профессионала (см. рис. 3). Точно так же как восприятие профессионала в нашем (Среднем) мире «настроено» на выделение стуков двигателя у механика, неровностей поверхности у шлифовщика, хрипов дыхания у врача, гармоник пульса у врача тибетской медицины и пр., восприятие шамана «настроено» на проявление тонких сущностей и инфернальных миров. Как уже отмечено выше, при выполнении многих шаманских практик восприятие (чувствительное тело) является осознанно регулируемым.

Вопрос о «здравомыслии» при этом не ставится в силу культурной относительности такого понятия: современный деловой человек западной культуры может считать странным буддиста, «теряющего время» в ежедневных медитациях, а буддист может считать странным этого делового человека, «теряющего время» драгоценного человеческого воплощения на суету, вместо того чтобы стремиться к просветлению или лучшему перерождению.

Диагностические и практические действия профессионала могут показаться нам «чудесными или магическими» (рис. 4 и 5) в силу освоения им малознакомой нам деятельности [22] и формирования соответствующих деятельностных апперцептивных подсистем (как особых психических функциональных органов), которых у нас просто нет (но есть другие — для нашей профессии). Тем более магическими могут показаться нам диагностические и практические действия шамана в силу освоения им совсем незнакомой в нашей культуре деятельности и формирования совсем пока невообразимых для нас деятельностных функциональных подструктур (рис. 3).

Человек, являясь членом сообщества, является одновременно и представителем его культуры. Предположим, что человек (Ч1 на рис. 4), включенный в культуру 1 (К1), имеет представление о пяти деятельностях (Д1… Д5) или знает, как получить продукты (П1… П5) этих деятельностей.

Рис. 4

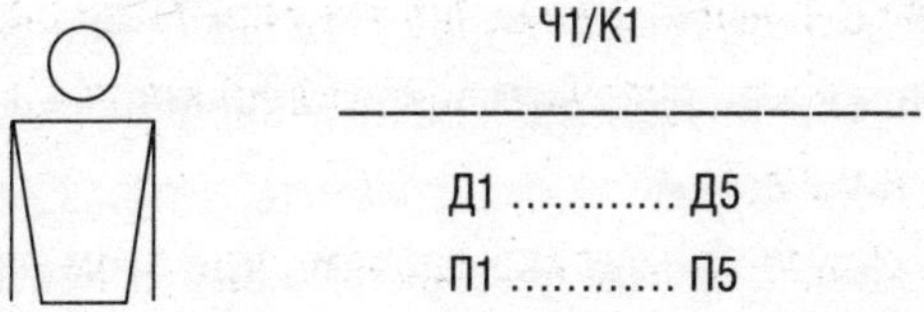

Другой человек (Ч2 на рис. 5), включенный в другую культуру 2 (К2), имеет представление о тех же пяти деятельностях и еще об одной, шестой (Д1… Д5, Д6), или знает, как получить продукты (П1... П5, П6) этих деятельностей (строка 3 табл. 2).

Рис.5

Ч2/К2

Д1 .... Д5 Д6

П1 .... П5 П6

Представитель первой культуры (Ч1) не знает и представить себе не может деятельности (Д6), при реализации которой можно получить продукт (П6). Для него П6 — продукт, полученный неизвестным и невообразимым путем, то есть магический продукт, а Д6 — неизвестная и невообразимая практика, то есть магия. Такое описание позволяет понять, почему взрослый иногда выступает перед ребенком как маг. Человек может быть магом и для группы людей, и для целого сообщества. «Личная история деятельностей» каждого человека уникальна, но факт существования одинаковых в одной и той культуре для всех практик на определенных возрастных этапах развития позволяет говорить о существовании возрастных структур культурного сообщества. Эти структуры определяют истинное различие культур как различие практик в разные периоды жизни человека.

Необходимо также отметить тот факт, что шаман часто работает с другой невидимой нами и неизвестной для нас реальностью, а наблюдатель (в том числе и добросовестный исследователь) видит лишь результаты этой иногда трудной, сложной и длительной работы. Кроме того, существует уникальная для шамана специфика действования в реальном практическом мире (строка 3 табл. 2), которая включает в себя:

а) обычные физические действия;

б) ритуальные действия;

в) действование в состоянии транса;

г) действование под влиянием духов;

е) магические действия (как составляющие пока неизвестной нам деятельности);

д) действование (воздействие) намерением.

Обращаясь к модели структуры образа мира профессионала по Е.А. Климову (табл. 1), можно сразу выделить различие обыденного (сегодня во многом опирающегося на научные данные) дальнего плана (строка 1 табл. 1) и дальнего плана шамана как космогонической картины трех или более миров. Различие дальнего плана делает радикально различными общий и средний планы образа мира (строки 2 и 3 табл. 1). Значимые для профессиональной деятельности системные целостности (строка 4 табл. 1) и совокупность оперативных образов (строка 5 табл. 1) включают, кроме представлений о других мирах, представления о всеобщей одушевленности, о времени за пределами жизни в физическом теле, о Духах и энергиях, которых вообще нет (или вообще не учитываются) в профессиональной деятельности современного человека. План деталей и оперативный план неизвестной нашему современнику деятельности (рис. 4 и 5; строки 6 и 7 табл. 1) ведет к выделению таких деталей проблемной ситуации (заболевания и лечения, пропажи и поиска, осуществления инициации и др.) и, соответственно, реализаций такой деятельности и таких действий (например, шаманский полет, переговоры или схватка с вредящим духом), логика которых иногда мало доступна пониманию (и адекватному описанию) даже жителя одного с шаманом поселения, не говоря уже о приезжем, пусть старательном и непредвзятом, исследователе.

Широко известно, что многие шаманы осуществляют свою профессиональную деятельность не в любое время и не в любом месте (строки 1 и 6 табл. 3). В этом нет ничего таинственного: все профессионалы (и читатели, и автор) в своей деятельности поступают так же, да еще и часто ждут подходящего состояния, настроения, «куража» и пр. (строка 7 табл. 3). Специфика профессиональной деятельности шамана обусловлена временными особенностями активности тех сущностей, с которыми он вступает взаимодействие: выбор места и времени не всегда зависит от шамана. Часто посещаемые людьми места необходимо очистить (не только прибраться, но и окурить, например, можжевельником), иногда необходимо найти особое место (например, место силы по К. Кастанеде или жилище соответствующего духа). Для общения с очень сильными и значимыми Духами, для поиска потерявшейся части души и многих других действий шаман не выбирает место сам, а отправляется в шаманское путешествие, соответственно, к месту жизни этих Духов (Верхний или Нижний миры), к местам обитания умерших (Нижний мир), к месту обитания души (любой из миров) и т.д.

Специфика профессионального общения шамана (строка 2 табл. 2; строки 5 и 8 табл. 3) характеризуется тем, что круг его коммуникаций необычайно широк (панпсихизм) с точки зрения нашего современника, так как он общается не только с людьми, но и с многими другими сущностями. Этот аспект шаманской деятельности я постарался наиболее подробно передать в своей книге «Хохот Шамана» [22] («Свобода Шамана», 2013).

Профессионально важные качества (строка 9 табл. 3) деятельности шамана описаны многими «внешними» наблюдателями и даже людьми, попытавшимися освоить некоторые элементы шаманских практик. Я должен сказать, что и такие исследователи являются «внешними» по отношению к образу жизни шамана, который может быть освоен (наверное) лишь предрасположенным к этому человеком не менее чем за несколько лет. Пока же можно ограничиться замечанием о том, что для исполнения многих шаманских ритуалов (например, длительных танцев или схватки со злыми духами) необходимы хорошее физическое здоровье, бесстрашие и высокий уровень психологический устойчивости.

Mircea Eliade [31] отмечает, что для выполнения шаманской деятельности необходимо владеть практиками контролируемого транса (не транс бесконтрольно владеет шаманом, а шаман контролируемо использует состояние транса), что предполагает высокий уровень психологической регуляции. Еще более высокий уровень бесстрашия и психологической саморегуляции необходим для контроля своего состояния при работе с различными Духами-помощниками и союзниками и тем более при взаимодействии враждебными Духами. Необходимо отметить, что наличие таких состояний (временной одержимости) пугает и отталкивает многих наших современников. При этом нужно отметить, что и в русских народных и авторских сказках (Иван-Царевич и Серый Волк, Сивка-Бурка, Царевна-лягушка и др.) главный герой часто доверяет решение жизненно важных вопросов своему Духу-союзнику или животному-союзнику, и это никого не пугает и не отталкивает. С другой стороны, такая настороженность, в общем, является правильной, так как вне культурных рамок практикование необычных состояний может привести к довольно тяжелым психическим и физическим расстройствам.

Особенно необычной для многих исследователей является референтная для шамана группа общения (строка 11 табл. 3). Как уже отмечено выше, круг коммуникаций шамана шире круга обычного человеческого общения (строка 2 табл. 2), и наиболее значимую информацию (а иногда рекомендации или даже команды) шаман получает не от людей, а от Духов или других сущностей. Таким образом, во многих ситуациях люди не являются для шамана самой референтной выборкой, что выводит его за рамки привычного нам понятия социальности.

Литература

1. *Андреев Д.Л.* Собрание сочинений в 3 т. Т. 2: Роза мира. М.: Редакция журнала «Урания», 1997. 608 с.

2. *Артемьева Е.Ю.* Основы психологии субъективной семантики / Под. Ред. И.Б. Ханиной. М.: Наука; Смысл, 1999. 350 с.

3. *Артемьева Е.Ю., Стрелков Ю.К., Серкин В.П.* Описание структур субъективного опыта: контекст и задачи// Мышление. Общение. Опыт. Межвузовский тематический сборник. Ярославль: Изд-во Ярославск. ун-та, 1983. С. 99—108.

4. *Артемьева Е.Ю., Стрелков Ю.К., Серкин В.П.* Структура субъективного опыта: семантический слой и другие // Мышление и субъективный мир. Ярославль: Изд-во Ярославск. ун-та, 1991. С. 14—19.

5. *Басилов В.Н.* Избранники духов. М.: Политиздат, 1984. 208 с.

6. *Бахтина Н.Н.* Психологические особенности профессиональной деятельности инспекторов рыбоохраны: Дисс. … канд. психол. н. М.: МГУ, 2004.

7. *Бондарчук Н.В.* Психологическое содержание старательского труда: Дисс. … канд. психол. н. Магадан: СВГУ, 2007.

8. *Гаранина О.А.* Особенности организации времени жизни специалистов, работающих в режиме сменного графика: Дисс. … канд. психол. н. М.: МГУ, 2006.

9. *Кастанеда К.* Учение Дона Хуана. Киев: «София», Ltd., 1992. 736 с.

10. Климов Е.А. Образ мира в разнотипных профессиях. М.: Изд-во Моск. ун-та, 1995. 224 с.

11. Криппнер С., Сидиан Утренняя Звезда Джонс. Шаман по имени Рокочущий Гром. М.: Постум, 2012. 288 с.

12. Леонтьев А.Н. Психология образа // Вестник МГУ. Серия 14. Психология. 1979. № 2. С. 3—13.

13. Ломов Б.Ф. Методологические и теоретические проблемы психологии. М.: Наука, 1984. 444 с.

14. *Найссер У.* Познание и реальность. М., 1981.

15. *Петухов В.В.* Образ мира и психологическое изучение мышления // Вестник Московского ун-та. Серия 14. Психология. 1984. № 4. С. 13—21.

16. *Петухов В.В.* Природа и культура. М.: Тривола, 1996. 356 с.

17. *Пивоварова С.В.* Перспективы исследования профессионального образа мира и образа жизни специалистов, занимающихся педагогической деятельностью // Ученые записки кафедры психологии СВГУ. Вып. 6. Магадан: Изд-во СВГУ, 2006. С. 144—154.

18. Рубинштейн С.Л. Бытие и сознание. М.: Изд-во АН СССР, 1973. 328 с.

19. Сердюков Ю.М. Контуры трансцендентального опыта // Социальные и гуманитарные науки на Дальнем Востоке. 2013. № 1 (37). С. 90—105.

20. Серкин В.П. Структура и функции образа мира в практической деятельности. Дисс. ... докт. психол. н. На правах рукописи. М.: МГУ им. М.В. Ломоносова, 2005. 356 с.

21. Серкин В.П. Влияние религиозных и эзотерических учений на развитие психологии // Психология. Журнал Высшей школы экономики, 2007. Т. 4. № 4. С. 75—79.

22. Серкин В.П. Хохот Шамана. М.: АСТ: Астрель, 2008 (или любой год издания 2008—2014). 276 с.

23. Серкин В.П. Профессиональная специфика образа мира и образа жизни // Психологический журнал. Т. 33. № 4. 2012. С. 78—90.

24. *Серкин В.П.* Парадигмы шаманского лечения // Экономическая психология. Актуальные теоретические и практические проблемы: материалы 13-й Международной научно-практической конференции. Иркутск: Репроцентр А1, 2012. С. 134—137.

25. Склейнис В.А. Специфика развития образа мира в разнотипных профессиях: Дисс. … канд. психол. н. Магадан: СВГУ, 2011.

26. Смирнов С.Д. Психология образа: проблема активности психического отражения. М.: Изд-во МГУ, 1985. 231 с.

27. Спивак А.В. Шаман: личность, функции, мировоззрение (народы нижнего Амура). М.: Наука, 1991. 280 с.

28. Стрелков Ю.К. Временная связность образа мира // Ученые записки кафедры психологии СМУ. Вып. 1. Магадан: Кордис, 2001. С. 127—156.

29. *Шунькова С.В.* Профессиональная специфика образа мира и образа жизни геологов (профессионалов и студентов): Дисс. … канд. психол. н. Магадан: СВГУ, 2011.

30. Harner Michael J. The Way of the Shaman. New York: Harper Collins Publishes, 1990. 171 p.

31. Eliade Mircea. Shamanism. Archaic Techniques of Ecstasy. Princeton University Press, 1972. 610 p.

Приложение 4
Деятельностная теория сознания
(сознание как атрибут системы деятельностей субъекта)

В.П. Серкин

Опубликовано: Серкин В.П. Деятельностная теория сознания // Психология. Журнал Высшей школы экономики. 2015. Т. 12. № 2. С. 93—111. http://publications.hse.ru/articles/153729036

Аннотация. В статье изложена авторская теория сознания, которая позволяет описывать ранее не объясненную психологическую феноменологию. Идеальное (психическое) и материальное (физическое) рассматриваются как атрибуты субстанции-процесса активности. Человек является субъектом не одной деятельности, а целостной системы деятельностей. Соответственно индивидуальное сознание является атрибутом индивидуальной системы деятельностей и личной истории деятельностей человека. Своеобразие системы и истории деятельностей каждого человека порождает многообразие типов сознания (идеальный атрибут системы деятельностей) и телесности (материальный атрибут). Групповые различия систем деятельностей порождают, соответственно, культурные, этнические, региональные, профессиональные и другие групповые различия атрибутов активности (сознания и телесности).

Своей деятельностью человек изменяет реальность, т.е. реальность частично зависима от нашей активности. Таким образом, «объективной реальности, независимой от нашего сознания» и наших действий, не существует, что, учитывая системность и взаимосвязи внутри Вселенной, по-новому определяет проблему ответственности субъекта процесса сознания. Разные состояния сознания человека собираются в единое целостное самосознание с помощью его продолжающейся и развивающейся системы деятельностей. Новые состояния сознания (и новые знания) порождаются не из самого сознания, а из развития деятельности человека.

Совместная деятельность порождает совместное сознание (идеальный атрибут совместной активности) и совместную телесность (инструментальность, материальный атрибут). Включение различных субъектов в общественную деятельность обуславливает трансперсональность (в пределе — ноосферность) сознания. Необъясненную пока наукой зафиксированную парапсихологическую феноменологию можно изучать по схемам структур индивидуальной и совместной деятельности как ее процессы и продукты, как следствие процессов ее трансперсональности и непрерывности (скандх).

Ключевые слова: активность, субстанция-процесс, атрибут, теория деятельности, система деятельностей, сознание, трансперсональные явления.

В настоящее время накоплены миллионы фактов (трансперсональный, религиозный и психотехнический опыт, неожиданное знание древних языков не изучавшим их человеком, предсказания будущего, «выходы из тела» (ВТ) и путешествия сознания, телепатия, телекинез и пр.), многие из которых объективно зафиксированы на основе строго позитивистских требований и подкреплены свидетельствами авторитетных ученых[1]. При этом подавляющее большинство опубликованных сегодня в мире и «общепризнанных» теорий сознания (Акопов, 2007; Аллахвердов, 2000; Бехтерев, 2001; Деннет, 2004; Серл, 2002; Чалмерс, 2013; Velmans, 2009 и др.) никак такие факты объяснить не позволяет. Например, человек в состоянии клинической смерти, в период, когда все физиологические и связанные с ними нейрокогнитивные процессы полностью отсутствуют (показатели электроэнцефалограммы и всех других процессов), в состоянии ВТ

[1] Среди известных отечественных психологов и философов такие факты изучали и свидетельствовали о них В. П. Зинченко, И. М. Каган, А. Н. Леонтьев, Б. Ф. Ломов, А. Р. Лурия, В. Д. Небылицын, Б. В. Раушенбах, М. Г. Ярошевский и др. (Зинченко, Леонтьев, 1978; Перевозчиков, 1989; и др.).

наблюдает за происходящим и после выхода из состояния клинической смерти сообщает и о происходящем в целом, и о конкретных фактах и деталях ситуации (Ревонсуо, 2013). Дальнейшее игнорирование многочисленной не объясняемой существующими теориями феноменологии психических явлений не приведет к исчезновению этих явлений, но может привести к потере научного статуса самой психологии.

В методологии науки принцип абстракции познающего субъекта (независимости результатов от наблюдателя) давно признан несостоятельным, однако при построении моделей и теорий психологии многие исследователи все еще пытаются ему следовать. При построении теорий сознания принцип абстракции познающего субъекта приводит к полному абсурду — попыткам построить теории или модели сознания, независимые от субъекта процесса сознания. И именно такие абсурдные теории являются сегодня общепризнанными.

Согласно обязательным *методологическим требованиям к теориям (объяснение фактов, предсказание новых фактов*) теории, не объясняющие фактов, должны быть отклонены как несостоятельные, а вместо них должны быть предложены новые, объясняющие всю совокупность накопленного эмпирического материала. Да и зачем нужны науке теории, игнорирующие и не объясняющие многочисленные и общеизвестные факты?

В данной статье предложены 9 тезисов деятельностной теории сознания, являющейся, на взгляд автора, с одной стороны, вполне преемственной в русле основных тенденций развития отечественной психологии, с другой — претендующей на естественно-научное объяснение как общепризнанной феноменологии сознания, так и многих трансперсональных явлений. Первый тезис предлагает новую трактовку реальности, т.е. является философско-мировоззренческой основой деятельностной теории сознания. Остальные восемь тезисов раскрывают суть самой теории.

Тезис 1. Психическое и физическое являются разными атрибутами активности как базовой субстанции-процесса

Психологи и философы (Рашид Аль-Мансур, 2015; Ревонсуо, 2013; Серкин, 2012 и др.) все более склоняются к сформулированной еще Б. Спинозой мысли о том, что психическое и физическое (физиологическое) являются двумя разными (возможными для человеческого познания) атрибутами одной и той же пока неизвестной современной науке единой субстанции (Спиноза, 1957).

Это предположение, оформленное в концепциях параллелизма или интеракционизма, позволяет многочисленным исследователям заниматься поисками разнообразных систем корреляций между физическими или физиологическими показателями процессов (ситуаций, воздействий) и эмпирическими проявлениями психологического.

Но что это за субстанция? Каков ее онтологический статус? Принято считать, что эта субстанция науке пока неизвестна. Так ли это? Отметив, в соответствии с современной трактовкой принципа развития, что *любая субстанция является только субстанцией-процессом и иначе существовать не может*, и, не вдаваясь в дальнейшие дискуссии[1], предположу, что такой субстанцией, определяющей психическое, является активность[2]. И *только* такая *субстанция-процесс может быть связующим звеном между идеальным (психическим) и материальным (физическим). Материальное и идеальное являются не первоосновой, не субстанцией и атрибутом друг друга в любом порядке, а двумя атрибутами активности как базовой субстанции-процесса Вселенной.*

Для многих интерпретаторов корреляционных связей между показателями нейронной активности и продуктивностью когнитивных процессов человека после такого предположения можно четко *указать* на *опосредствованный*[3] характер связей (через активность человека — его систему деятельностей) между психическими процессами и их физиологическими (физическими) коррелятивами, а также *объяснить и предсказать*, что при изменении деятельности все корреляции и их совокупности будут изменены.

Еще И. Фихте (1993) отмечал, что именно деятельность человека является посредником между «Я», направляющим

---

[1] См. п. 1.4 «О субстанциональном статусе субъективности как основы активности» в авторской работе (Серкин, 2006).

[2] Общепринятыми параметрами активности являются: а) расположение на шкале «пассивность (не реактивность) — активность»; б) мера воздействия (изменения, структурации) — расположение на шкале «адаптация — преобразование»; в) возможность (и величина) пространственно-временных промежутков между моментами начала активности и наступлением результата.

[3] Т.е. вовсе не взаимодействие двух факторов, не когерентность, не структурная стабильность и другие упрощенные общепринятые объяснения.

деятельность, и «не Я» (внешнее), на которое направлена деятельность. Ф. Шеллинг (2014) уточнял и развивал эти положения, указывая на то, что деятельность (практика) является также источником познания и самопознания (сознания в современной трактовке). Оба философа при этом говорили не об одной отдельно взятой деятельности, а о всей системе активности человека (системе деятельностей).

В отечественной психологии давно признано, что изначально *пристрастное* (для субъекта) психическое отражение подчинено активности. Субъекту жизнедеятельности не нужно знать объективно, а нужно действовать полезно для своей жизнедеятельности. Задача «поиска объективного знания» формулируется только развитым сознанием, никак не на ранних стадиях развития психики. *Изначально не психика определяет активность, а активность определяет психику.* Психологическим механизмом онтогенетического деятельностного построения психики человека является раскрываемое Ж. Пиаже (1994) и Л. С. Выготским (1982) понятие «интериоризация», которое в наших работах (Серкин, 2005) применялось как психологический механизм становления изоморфизма психического не одной отдельной деятельности, а всей системе деятельностей субъекта (развитие принципа реконструкции)[1]. То есть интериоризуется не структура отдельной деятельности и даже не структура актуальной системы и истории деятельностей субъекта, а системные свойства (не присущие

---

[1] Попутно дан ответ на «трудную проблему сознания»: как кто-то осознает себя субъектом? (Чалмерс, 2013). Действительно, вне деятельностного подхода такая проблема является неразрешимой.

ни одной из входящих в систему деятельностей). Именно эти системные свойства и составляют содержание сознания.

Тезис 2. Человек является субъектом не одной деятельности, а системы актуально реализуемых деятельностей

Исследования сознания и других интегральных психических образований (например, личности) сопряжено с изучением их отношений не с одной отдельно взятой деятельностью (это вряд ли возможно даже в лаборатории), а со всей системой реализуемых субъектом деятельностей. А. Н. Леонтьев определял деятельность как единицу анализа активности человека, указывая тем самым на то, что одной единичной деятельностью активность человека не исчерпывается. Используемый А. Н. Леонтьевым термин «иерархия мотивов» (Леонтьев, 1983) однозначно предполагает наличие у каждого человека иерархизированной системы актуально реализуемых, соответствующих мотивам деятельностей. Термин для обозначения всей актуально реализуемой человеком системы деятельностей введен мной (Серкин, 2006) как индивидуальный образ жизни (определение): *образ жизни — система деятельностей, которые человек актуально реализует как субъект или в которые «включен» (субъектами являются общество, группа) в течение определенного жизненного периода, этапа или цикла (до изменения иерархии мотивов). Структура образа жизни детерминируется и образом мира, и планом реальных взаи-*

модействий и, в свою очередь, детерминирует развитие образа мира.

Сознание субъекта проявляется как психологическое качество именно системы деятельностей субъекта, а не одной отдельно выделенной деятельности. Например, для возникновения (и переживания, и возможного осознавания) внутреннего конфликта необходимы как минимум две мотивации, т.е. при наличии только одной деятельности (одного мотива) внутреннего конфликта возникнуть не может. В реальной же ситуации внутренний конфликт (и сопровождающие его неуверенность, напряженность) обусловлен не двумя, а большим количеством мотивов, чем и объясняется сложность рефлексивной обработки этого конфликта.

Сам факт осознания своей субъектности возможен только при наличии нескольких мотивов и, соответственно, необходимости делать выбор. Также и само понятие объективности (объективных свойствах) может возникнуть только при «отрыве» понимаемого от отдельного мотива и сопоставлении его с другими мотивами (объективное как «общее свойство» при разной мотивации). Рефлексивность (и самосознание как начало рефлексивности), в свою очередь, может развиваться только через множественность и альтернативность субъективного[1].

---

[1] Здесь принципиальное различие предлагаемой теории с рефлексивной теорией сознания (Velmans, 2009), в которой априорно предполагается наличие абсолютно объективной реальности.

Тезис 3. Индивидуальное сознание является атрибутом такой формы человеческой активности как система деятельностей субъекта

Психологическим атрибутом такой формы активности, как система актуально реализуемых деятельностей человека, является сознание. Развитие и содержание индивидуального сознания определяются через «личную историю деятельностей» (Артемьева, Стрелков, Серкин, 1983, с. 105), предметы этих деятельностей, а процессы сознания — через акты деятельности. Физическим атрибутом деятельности является физическое тело человека (группы, общества, человечества)[1] настолько, насколько человек является субъектом той или иной деятельности (системы деятельностей). Более развитой (сложной, структурированной) системе деятельностей соответствует и более развитое сознание. Сразу же отмечу, что сложность всей системы реализуемых человеком деятельностей (индивидуального образа жизни) определяется не только уровнем образования или технологизации, но и прежде всего психологическим уровнем ее реализации. На такой шкале именно творческая, научная, регулятивная, саморегулятивная, трансперсональная, консультативная и другие виды деятельности будут считаться

---

[1] Утверждение А. Н. Леонтьева о том, что «деятельность конституирует» (выстраивает) структуру психического, согласно нашей концепции, должно быть экстраполировано не только на психические структуры, но и на физические структуры субъекта деятельности (человека и его инструменты, группы, общества и т.д.).

наиболее сложными. Избыточная неадаптивная активность (Петровский, 1992) не необходима для адаптации, но, вполне возможно, является необходимой на определенных этапах онтогенеза для развития сознания и в качестве осознанной практики для увеличения уровня развития сознания взрослого.

Соответственно, более сложным, чем человеческая деятельность, формам активности соответствуют и более сложные, чем сознание человека, психические образования. Понятно, что при такой трактовке психического физический носитель сознания (человек) является преходящим эволюционным звеном (физическим атрибутом) развития все более сложных форм активности.

Качественный скачок такой формы психического, как сознание, связанный с наличием у человека самосознания и рефлексии, определяет и *осознаваемые эволюционные усилия,* и качественные изменения другого атрибута активности — физического человека, и его истинное место в космосе. Для более высокого уровня активности и его психического атрибута, вероятно, потребуется другой физический носитель (возможно, «лучистый человек» К. Э. Циолковского или другие виды полевых форм, плазмоидов и пр., разнообразие которых еще не изучалось)[1]. Если человек (каждый, индивидуально) не предпринимает активности (деятельно-

---

[1] Т.е. «телесный образ» (Серл, 2002; Velmans, 2009; и др.), возможно, и является одной из составляющих сознания (хотя мне кажется правильнее: «образ телесной активности»), но это важно именно как принцип описания, а не как структура. Структура меняется на каждом эволюционном уровне.

сти) по своему эволюционированию, то и эволюционировать он не будет.

Тезис 4. Не существует «объективной реальности, независимой от нашего сознания». Человек «творит» реальность своей деятельностью

Независимо от того, хотим мы этого или нет, наши действия всегда изменяют нашу реальность.

Пример. Во время лекции студенты попросили меня доказать данный тезис. Я попросил для этого несколько секунд и нарисовал обезьяну на чистой доске. С моим высказыванием о том, что теперь реальность в аудитории является иной, чем до рисунка, все согласились.

Осознавание факта изменения реальности своими действия дает нам возможность хотя бы иногда изменять реальность своего бытия осознанно и ответственно. Часто также отказ от практических действий является одновременно и отказом от влияния на реальность своего бытия.

Традиционная парадигма моделирования сознания, связанная с гносеологическим подходом, описывает отражательные функции сознания. Наиболее ярко такое описание представлено в работах К. Кастанеды (1996), где человек прямо описывается как воспринимающее существо, а варианты «реальности» осознаются как варианты описания материала восприятия. Предлагаемая нами парадигма трактует человека как творящее (и тем самым выбирающее) свою «реальность» существо, а основными специфическими функциями сознания являются функции преобразования и проектирования (Серкин, 2010). Представление о сознании как совокупности познавательных и мотивационных процессов опирается на неявный постулат о существовании «объективной реальности», с одной стороны, и отделенного от реальности познающего субъекта, с другой. Согласно нашей теории, сознание развивается в процессе деятельности (активной практики), изменяющей «реальность», т.е. вместе с развитием «реальности». Термин «реальность» взят в кавычки, так как «реальность» для творящего существа является не неизменной «объективно существующей» данностью, а процессом (физическим атрибутом его активности), на который возможно влиять своей деятельностью. А. Н. Леонтьев в свое время очень близко подошел к этой мысли, указывая на переход форм деятельности (и отдельных действий) в свойство предмета (одна из граней опредмечивания деятельности).

Пример. При строительстве дачного домика (деятельность) я распиливаю длинную доску (действие). После успешного завершения моего действия в новой более устраивающей меня «реальности» уже не существует одной прежней длинной доски, а существуют две короткие.

В текстах А. Н. Леонтьева (1983) и Б. Ф. Ломова (1984) содержатся размышления о тройственном влиянии деятельности на: а) предмет деятельности; б) субъекта деятельности; в) саму себя. Раскроем эти положения чуть шире и подробнее: деятельность изменяет а) реальность, так как любой предмет деятельности является системной частью реальности; б) физическое тело, психические функции, *сознание,* отношения и средства субъекта деятельности; в) саму деятельность и, соответственно, всю систему деятельностей.

Несуществование «объективной реальности, независимой от нашего сознания» и наших действий, учитывая системность и взаимосвязи Вселенной, по-новому определяет проблему ответственности субъекта процесса сознания.

Здесь необходимо высказать соображения о очевидном радиусе (дальности) влияния действий человека на изменяемую реальность[1]: а) если я действую физически, то радиус влияния ограничивается моими физическими и инструментальными возможностями (буквально — куда могу дотянуться); б) если я действую организационно, то есть организую действия другого человека, то радиус влияния ограничивается протяженностью моих действующих социальных связей (в пределе — Земля и дальность космических аппаратов); в) пока тот же радиус влияния в пределе могут иметь культурные действия (создание произведений искусства, проектов и т.п.)

Тезис 5. Не сознание объединяет разнообразную активность человека, а его система деятельностей объединяет разнообразные состояния сознания в единое «осознаваемое»

Клинические и другие эмпирические данные о «разделении» сознания показывают, что человек, находясь в одном из возможных состояний сознания, не может вспомнить

[1] Пока сознательно не обсуждаю вопрос о временной протяженности влияния.

того опыта, который был приобретен в другом состоянии. Согласно нашему подходу, возможно именно опосредствованное деятельностью «восстановление» какой-то части такого опыта, так как «сотворенная деятельностью реальность» остается и воспринимается в другом состоянии сознания. Это позволяет *исследовать и описывать сознание не как совокупность изолированных состояний сознания, а как структуру состояний сознания, связанную в единое целое системой деятельностей (активностью) человека.*

Следовательно, *не сознание объединяет деятельности человека в целостный процесс, а наоборот, активность, система актуально реализуемых деятельностей объединяет различные состояния сознания в тот процесс, который осознается как самосознание субъекта деятельности.*

Пока очевидно доказанным является изменение реальности посредством действования, хотя во многих мистических учениях и свидетельствах говорится об изменении реальности усилиями только сознания. Здесь для попыток обсуждения опосредствованного внутренней активностью (деятельностью) воздействия психического (атрибута) на реальность (физический атрибут) нет принципиальных логических возражений. Однако для исследования таких взаимодействий необходимо будет разрабатывать терминологию описания очевидных для всех, но пока совсем мало изучаемых энергоинформационных свойств психических процессов (сознания).

Вышесказанное позволяет концептуально объяснять трансперсональные состояния сознания и различные концепции реинкарнации: если система деятельностей при жизни человека объединяет его различные состояния в единое целое, то принципиально возможно (при продолжении системы деятельностей) и объединение состояний сознания (психического атрибута), осуществляемого разными физическими носителями. Именно поэтому для проявления как реинкарнационных воспоминаний, так и различного трансперсонального опыта требуются определенные, передаваемые в поколениях практики (деятельности).

В соответствии с методологией деятельностного подхода возможно развитие понятия «сознание»: исследователь рассматривает не сознание само по себе, а «деятельность сознания» (деятельность не как полностью осознаваемую, а как регулируемую сознанием и регулирующую его), встает вопрос о выделении актов сознания и закономерностей топологии актов сознания.

В объективной экспериментальной схеме исследоваться и интерпретироваться должны не самоотчеты испытуемого или экспериментатора, а результаты деятельности (действия) и их осознавание испытуемыми. Например, в наших экспериментах (2006) при выполнении элементарного задания (*при удерживании легкого грузика 15 г за конец тонкой нити 0,1 мм факт прекращения осознаваемого усилия фиксировался не на основе самоотчета, а на основе падения грузика; самоотчеты использовались для объяснения этого факта*) ни один из ста испытуемых не смог удерживать грузик дольше девяти минут. Среднее время удержания грузика (такта произвольного усилия) равно двум минутам. При этом ни один из испытуемых не назвал в самоотчете причиной падения грузика физическую невозможность его удерживания; все говорили об отвлечении или забывании о выполнении задания. *Состояние сознание изменялось, но никто из здравомыслящих испытуемых не счел мистическим или даже просто загадочным тот факт, что в каком-то состоянии сознания задание было забыто. Почему? Потому что «реальность» испытуемых оставалась цельной благодаря другим формам активности (взаимодействие с экспериментатором, размышление над своими проблемами и пр.).*

Тезис 6. Новое содержание сознания возникает не из атрибута (сознания), а из целого (деятельности)

Откуда берется новая мысль? Не из старой мысли. Откуда берется новое знание? Не из старого знания. Все логические, рациональные объяснения не работают. Иначе мы бы порождали на основе только объяснений знание за знанием. *Никак не объясняемый рационально качественный переход от старого к действительно новому знанию и не может быть объяснен средствами только сознания. Новое порождается не самим сознанием (частным атрибутом целого), а целым — активностью (в случае человека — деятельностью, иногда даже экспериментальной). Естественно, что при изменении целого — системы деятельностей — изменяются и атрибуты целого («реальность» и сознание).* Новое знание и новое понимание осознаются всегда не процессе их получения, а ретроспективно (когда они УЖЕ ЕСТЬ в сознании) именно потому, что появляются они после акта деятельности как ее новое свойство (сознание, теперь содержащее новое знание или понимание).

Тезис 7. Совместная деятельность — новые качества сознания

Проект исследования сознания через сравнение характеристик функционирования и продуктивности индивидуального сознания и группового сознания, экстраполяции результатов сравнения на модель сознания еще ждет своей разработки. Факт разделения целостной деятельности (как разделение и отчуждение труда) между разными людьми, выполняющими отдельные действия или даже отдельные трудовые операции (например, разными рабочими на разных конвейерах при сборке одного автомобиля), четко описан в «Капитале», однако относительно широко применяемых терминов «групповые цели», «групповая мотивация» и «корпоративное сознание» пока нет описания и теоретического обоснования[1].

Пример. Мотивация токаря, вытачивающего десять лет по восемь часов в смену одни и те же гайки, может быть никак не связана со сборкой автомобиля. Например, его мотивация связана с заработком для личных целей, поэтому автомобилестроение токаря не интересует, а интересует соответствие изделия (гайки) требованиям отдела технического контроля (ОТК). В данном случае термины типа «групповые цели» и «корпоративное сознание» лишь демонстрируют антропологическую редукцию мышления использующих их специалистов при объяснении законо-

---

[1] В этих терминах прослеживается антропоцентрический редукционизм — приписывание человеческих качеств сложным сущностям.

мерностей активности СТС (социотехнических систем). Деятельность токаря «включена», «встроена» в процесс автомобилестроения (кто субъект?).

Именно при исследовании психологической групповой (общественной, культурной) феноменологии пока особенно ярко проявляются редукционные тенденции использования терминов, разработанных для описания психологии отдельного человека, к «групповому сознанию» — очень четко проявляется проблема ограничения сложности исследователя (предмет исследования сложнее исследователя). Единственный путь решения такой проблемы — *деятельностное познавательное проектирование* — постепенное рефлексивное усложнение исследовательского проекта по мере накопления знаний о предмете исследования (Серкин, Сиротский, 1990).

Экспериментально доказано (Журавлев, 2005; Ломов, 1984 и др.), что продуктивность совместной деятельности двух человек, например, при поисках, при выполнении работ увеличивается не вдвое, а гораздо больше. Таким образом, *в совместной деятельности проявляются новые системные качества, не присущие индивидуальной деятельности.* Продолжая логический ряд, можно указать на существование взаимодействующих уровней психического как индивидов (от чувствительности простейших до сознания человека и далее), так и объединений (стая, популяция, род, вид, группа, общество, культура, ноосфера, ноосферные группы и далее).

Г.П. Щедровицкий, создавая методики поведения организационно-деятельностных игр (ОДИ), говорил о «мегамашинах» — конгломератах из индивидуальных (сознаний), предназначенных для решения какой-либо сложной проблемы (Щедровицкий, 1995). Такими мегамашинами он называл современные научные и научно-производственные коллективы, а также созданные по методике ОДИ (организационно-деятельностные игры) группы.

Совместная деятельность порождает совместное сознание (идеальный атрибут активности) и совместную телесность и инструментальность (материальный атрибут). В настоящее время в мировой психологии отсутствуют даже термины для понятий «сознание субъекта совместной деятельности» и «телесность (инструментальность) совместной деятельности. Термины «общественное сознание», «коллективное сознание», «групповое сознание» не обязательно включают в себя аспект наличия совместной деятельности и вообще ничего не говорят о совместной телесности (инструментальности).

Тезис 8. Сознание не индивидуально, оно трансперсонально (в культуре, группе, народе и пр.)

Со-знание как совместное знание изначально является социальным и опосредствованным системой деятельностей. Индивидуальная система деятельностей имеет структуру и функции, определяемые ее надсистемой (системой деятельностей общества). Индивидуальная система деятельностей должна: а) включаться в какую-либо деятельность общества; б) воспроизводить какую-то часть деятельности общества (возможна специализация — или включаться, или воспроизводить).

В процессе онтогенетического развития сознания факт его деятельностной опосредствованности является общепризнанным в отечественной психологии. При рассмотрении сознания как атрибута (кому больше нравится — системного качества) системы деятельностей, необходимо продолжить временную ось существования сознания «до» и «после» существования физического тела хотя бы настолько, насколько существует (пусть частично или иным образом структурировано) такая система деятельностей[1]. По логике: существует активность — существуют и ее атрибуты. В буддийской психологии этот вопрос тщательно проработан, и продолжающие после оставления физического тела тенденции активности называются скандхами.

Другой аспект трансперсональности обусловлен включением индивидуальной системы деятельности человека в общий поток активности человечества. Определение: *идеальным (психологическим) аспектом общей активности человечества и всех других изученных и неизученных планетарных существ является ноосфера.* Включенность в ноос-

[1] «...Доведенная до предела человеческих возможностей свободная воля способна управлять субъективной реальностью после прекращения дыхания и остановки кровообращения. Причем если переход в «иную реальность» совершается хорошо подготовленным человеком произвольно, то изменяются даже свойства его тела. Последний, известный мне пример этого феномена — нетленность тела XII Пандито Хамбо Ламы Даши Доржо Итигэлова, хранящегося сегодня в Иволгинском дацане «Хамбын Сумэ» (Бурятия)» (Сердюков, 2013, с. 105).

феру дает возможность естественно-научного объяснения (при наличии определенных практик) трансперсональных, внепространственных и вневременных проявлений человеческого сознания как следствий опосредствованного взаимодействия деятельности отдельного человека с общим ноосферным потоком активности.

Постижение трансперсональных отношений является особенно трудным для основной массы современных ученых. Из-за определенных особенностей современной научной коммуникации и позитивистских правил (верификации, фальсификации и пр.) основную массу современных ученых составляют люди с сильно развитой сферой рационального (ограничение, дифференциация, обобщение), что, конечно (по закону реципрокных отношений), затрудняет их возможности использования иррационального (связь с целым, синтез, интуиция) постижения.

Тезис 9. Большинство трансперсональных, экстрасенсорных, шаманских и других пока не изученных наукой практик следует изучать именно как неизвестные виды деятельности

Определяя культуру как пространство деятельностей, можно выделить общекультурные составляющие сознания и онтогенетическую структуру культурного сообщества, например, как онтогенетическую последовательность систем деятельностей (Серкин, 2006), объединяемых типом ведущей деятельности. Сознание является культурным как атрибут именно «культурного набора» форм активности.

Иногда практические действия профессионала могут показаться нам «чудесными или магическими» в силу освоения им малознакомой нам деятельности (Серкин, 2001) и формирования соответствующих им особых форм психического как особых психических функциональных органов, которых у нас просто нет (но есть другие — для нашей профессии). Тем более магическими могут показаться нам, например, диагностические и практические действия шамана в силу освоения им совсем незнакомой в нашей культуре деятельности и формирования совсем пока невообразимых для нас форм психического.

Пусть Человек 1, являясь членом сообщества, одновременно представляет и его культуры. Предположим, что человек, включенный в Культуру 1, имеет представление о пяти деятельностях (Д1… Д5) или знает, как получить продукты (П1… П5) этих деятельностей. Другой человек (Человек 2), включенный в другую Культуру 2, имеет представление о тех же пяти деятельностях и еще об одной, шестой (Д1… Д5, Д6) или знает, как получить продукты (П1… П5, П6) этих деятельностей.

Представитель первой культуры (Человек 1) не знает и вообразить не может деятельности (Д6), при реализации которой можно получить продукт (П6). Для него П6 — продукт, полученный неизвестным и невообразимым путем, т.е. магический продукт, а Д6 — неизвестная и невообразимая практика, т.е. магия. Такое описание позволяет понять, почему взрослый иногда выступает перед ребенком как маг.

Человек может быть «магом» и для группы людей, и для целого сообщества. Личная история деятельностей каждого человека уникальна, но факт существования одинаковых в одной и той же культуре практик на определенных возрастных этапах развития позволяет говорить о существовании возрастных структур культурного сообщества. Эти структуры определяют истинное различие культур, различие практик и культурную специфику развития сознания в разные периоды жизни человека.

Групповые различия систем деятельностей (больших групп) порождают, соответственно, этнические, региональные, профессиональные и другие групповые различия атрибутов активности (сознания и телесности).

Многие измененные состояния сознания (ИСС), описанные в религиозных и эзотерических текстах (Торчинов, 2007 и др.), научных монографиях (Леонова, Кузнецова, 2009 и др.) и учебных пособиях (Цзен, Пахомов, 1999 и др.), достигаются путем реализации хорошо разработанных упражнений и особого образа жизни. Сами эти ИСС являются предметом (предмет как мотив) специально организованной деятельности. Структура такой деятельности полностью соответствует известным структурам макроструктуры любой другой деятельности (см. табл. 2).

Пример. «...Обратимся к самому исихастскому деланию. Его основные принципы: а) непрестанная «умная молитва», то есть постоянное сосредоточенное и осознанное (трезвение) повторение Иисусовой молитвы («Господи помилуй мя»); б) «низведение» ума в сердце; в) созерцание световых феноменов (фотизмов) как нетварного Фаворского света (согласно

Паламе — нетварных божественных энергий); г) активное использование методов психосоматической регуляции (задержки дыхания, специфические позы, визуализация, сосредоточение)» (Торчинов, 2007, с. 481).

Обратимся к результатам экспериментов А. Н. Леонтьева по развитию неспецифической (экстрасенсорной) чувствительности — ощущение светового потока (зеленый цвет) кожей ладони: «В итоге опытов мы получили следующие результаты. Объективно *все* испытуемые в конце серии опытов снимали в ответ на действие видимых лучей руку с ключа, либо вовсе не давая при этом ошибочных реакций, либо делая единичные ошибки»[1] (Леонтьев, 1981, с. 42; курсив мой. — *В.С.*). В других сериях экспериментов испытуемые обучались не только фиксировать освещение ладони, но и различать зеленый и красный цвета освещения.

Сам А. Н. Леонтьев интерпретировал полученные результаты либо как экспериментально созданный аналог функционального (в активности, у человека — в деятельности) генеза чувствительности, либо как аналогичным образом (в деятельности) пробужденной филогенетической способности к чувствительности. Для нас важен сам достоверный факт того, что специально организованная (необычная) деятельность ведет к необычным (сегодня называемым — парапсихологическими, экстрасенсорными) результатам (продуктам деятельности). «...Для наших выводов безразлично, будем ли мы исходить из первого или из второго

---

[1] Интенсивность теплового облучения отслеживалась и была во всех сериях эксперимента во много раз меньше нижнего абсолютного порога тепловой чувствительности.

предположения, ибо с точки зрения принципиальной гипотезы исследования основным является вопрос о том, действительно ли в данных экспериментальных условиях (активность, действия испытуемых на основе экспериментального задания. — *В.С.*) обычно не ощущаемые воздействия превращаются в воздействия ощущаемые» (Там же, с. 66). На этот вопрос А. Н. Леонтьев отвечает утвердительно.

Определение

1. *Сознание* (филос.) — идеальный аспект активности как базовой субстанции-процесса Вселенной. Взаимосвязь идеального со вторым аспектом активности (материальным — телесность, инструментарий) опосредствована самой активностью.

2. *Сознание человека* (психол.) — идеальный аспект, системное качество системы и истории деятельностей субъекта как специфической формы активности. Индивидуальное сознание (идеальный аспект) и индивидуальная телесность[1] (материальный аспект) человека формируются и специфицируются в процессе его личной истории деятельностей (личной активности), включенной в пространство деятельностей соответствующего общества и его культуры.

Как справедливо отмечает Д. Чалмерс, любое фундаментальное утверждение не дает ответа на вопрос «Почему?» (Чалмерс, 2013) и, добавим от себя, поверяется в истории науки лишь потенциалом своих объяснительных возможностей.

---

[1] Включая владение инструментарием.

Очевидные следствия

Следствие 1. Используя материал главы 1 книги А. Н. Леонтьева «Проблемы развития психики» (1981) и дополнив его, можно предложить следующую таблицу психического и физического атрибутов активности (табл. 1).

Таблица 1

Уровни психического в соответствии с видами организации активности

Основные формы активности	Уровни развития психического (психический атрибут)	Основные известные представители (физический атрибут)	Дифференциация реальности	Реальность
Таксисы, инстинктивное поведение	Сенсорная психика (индивидуальная и групповая адаптация)	Насекомые, рыбы, земноводные, некоторые птицы	Отдельные свойства	Совокупность свойств
Навык	Перцептивная психика (индивидуальная и групповая адаптация)	Волки, олени, кошки, собаки, крысы, низшие приматы и др.	Свойства, предметы	Ситуации
Решение ситуативных («интеллектуальных» задач)	Стадия «интеллекта» (индивидуальная и групповая адаптация, ситуативное преобразование)	Высшие приматы	Свойства, предметы, ситуации (связи предметов)	Развивающиеся во времени ситуации

Основные формы активности	Уровни развития психического (психический атрибут)	Основные известные представители (физический атрибут)	Дифференциация реальности	Реальность
Система деятельностей	Сознание (индивидуальная и групповая адаптация, ситуативное и внеситуативное преобразование, проектирование)	Человек	Свойства, предметы, ситуации, ситуативные и временные связи, история, представление о будущем	Образ мира
Метадеятельность	Добавлено: сотворчество? …	Лучистый человек (линия развития 1), киборг (линия развития 2) …	Большее количество измерений, «видимость» событий во временной перспективе, аналогичная видимости в пространственной …	Более многомерный образ мира …

Приведенные в таблице 1 уровни развития психического могут рассматриваться как эволюционные состояния сознания в отличие от актуальных прижизненных состояний сознания человека (бодрствование, функциональные состояния, сон, транс и др.).

Следствие 2. Используя понятие о системе деятельностей субъекта, необходимо «достроить» (достроены верхний уровень 1 и нижний уровень 5[1]) схему макроструктуры

[1] Нижний уровень таблицы предложен в работе «Методология психологии: проблемы и перспективы» (2013, Василюк Ф. Е., Зинченко В. П., Мещеряков Б. Г., Петровский В. А., Пружинин Б. И., Щедрина Т. Г.).

деятельности А. Н. Леонтьева (1983) следующим образом (табл. 2).

Таблица 2

Макроструктура деятельностей

Проявляемый аспект	**Непроявляемый (моделируемый) аспект**
Система деятельностей (образ жизни)	Иерархия мотивов
Деятельность	Мотив
Действие	Цель
Операции	Учитываемые условия, функциональное свойство
Функциональное свойство	Предметный блок

Действие еще и потому может быть единицей анализа, что оно, будучи средством связи субъекта с окружающим, определяется тройственной логикой: 1) логикой цели; б) логикой объективных свойств окружающего; в) логикой возможностей инструментальности (тела и приспособлений).

Следует отметить (уточнение схемы А. Н. Леонтьева), что операции (уровень 4) выполняются с учетом не всех, а только осознаваемых условий.

Пример. Если человек не заметит косяк двери, то и не будет учитывать его («врежется») при ходьбе, выполняя двигательные операции. Факты необходимо учитывать.

Литература

Акопов Г. В. (2007). Проблема сознания в современной психологии. *Методология и история психологии, 3* (2), 43—64.

Аллахвердов В. М. (2000). Сознание как парадокс. СПб.: «Издательство ДНК».

Артемьева Е. Ю., Стрелков Ю. К., Серкин В. П. (1983). Описание структур субъективного опыта: контекст и задачи. В кн.: Корнилов Ю. К. (Ред.), Мышление. Общение. Опыт (с. 99—108). Ярославль: ЯрГУ.

Бехтерев В. М. (2001). Сознание и его границы. В кн.: Куликова Л. В. (Ред.), Психология сознания (с. 19—31). СПб.: Питер.

Выготский Л. С. (1982). Мышление и речь. В кн.: Выготский Л. С. Собрание сочинений (т. 2, с. 5—361). М.: Педагогика. Деннет, Д. (2004). Виды психики: на пути к пониманию сознания. М.: Идея-Пресс.

Журавлев А. Л. (2005). Психология совместной деятельности. М.: Изд-во «Институт психологии РАН».

Зинченко В. П., Леонтьев А. Н. (1978). Парапсихология. В кн.: А. М. Прохоров (Ред.), Большая советская эн циклопедия, т. 19. М.: Советская энциклопедия. URL: http://bse.sci-lib.com/article086932.html (дата обращения: 15. 03.2015).

Кастанеда К. (1992). Учение Дона Хуана. Киев: София, Ltd.

Леонова А. Б., Кузнецова А. С. (2009). Психологические технологии управления состоянием человека. М.: Смысл.

Леонтьев А. Н. (1981). Проблемы развития психики. М.: Изд-во Московского университета.

Леонтьев А. Н. (1983). Избранные психологические произведения 2 т. М.: Педагогика.

Ломов Б. Ф. (1984). Методологические и теоретические проблемы психологии. М.: Наука.

Маркс К. (1960). Капитал. Т. 1. В кн.: Маркс К., Энгельс Ф., Сочинения. 23. М.: Гос. изд-во политической литературы.

Перевозчиков А. Н. (1989). Экстрасенсы — миф или реальность (о круглом столе в журнале «Вопросы философии». Знак вопроса, 10, 26—54. URL: http://www.universalinternetlibrary.ru/book/8526/ogl.shtml (дата обращения: 15. 03. 2015).

Петровский В. А. (1992). Психология неадаптивной активности. М.: ТОО Горбунок.

Пиаже Ж. (1994). Избранные психологические труды. М.: Международная педагогическая академия.

Рашид Аль-Мансур (2015). Сознание и материя: великий предел. М.: ЛЕНАНД.

Ревонсуо А. (2013). Психология сознания. СПб.: Питер.

Сердюков Ю. М. (2013). Контуры трансцендентального опыта. Социальные и гуманитарные науки на Дальнем Востоке, 1 (37), 90—105.

Серкин В. П. (2001). Хохот Шамана. Магадан: Кордис, 2001.

Серкин В. П. (2005). Структура и функции образа мира в практической деятельности: Диссертация ... докт. психол. н. М., МГУ им. М. В. Ломоносова.

Серкин В. П. (2010). Теория сознания. Вестник СВГУ, 14, 62—70.

Серкин В. П. (2012). Деятельностная теория сознания. В кн.: V съезд Общероссийской правительственной организации «Российское психологическое общество». Материалы участников съезда (т. 1, с. 97—98). М.: Российское психологическое общество.

Серкин В. П., Сиротский В. Е. (1990). Психосемантика: на пути к моделированию. Вестник МГУ. Сер. 14. Психология, 4, 28—33.

Серл Дж. (2002). Открывая сознание заново. М.: Идея-Пресс.

Спиноза Б. (1957). Избранные произведения. 2 т. М.: Госполитиздат.

Торчинов Е. А. (2007). Религии мира: Опыт запредельного. Психотехника и трансперсональные состояния. СПб.: Азбука-Классика; Петербургское востоковедение.

Фихте И. Г. (1993). Сочинения. 2 т. СПб.: Мифрил.

Цзен Н. В., Пахомов Ю. В. (1999). Психотренинг: игры и упражнения. М.: Класс.

Циолковский К. Э. (2004). Космическая философия. М.: Сфера.

Чалмерс Д. (2013). Сознающий ум: В поисках фундаментальной теории. М.: УРСС; Книжный дом «ЛИБРОКОМ».

Шеллинг Ф. В. Й. (2014). Изложение моей системы философии. СПб.: Наука.

Щедровицкий Г. П. (1995). Избранные труды. М.: Школа Культурной политики.

Velmans M. (2009). Understanding consciousness. London: Routledge; Psychology Press.

Serkin V.P.

Activity theory of consciousness (consciousness as an attribute of system operations subject)

Information about the author: Vladimir P. Serkin, vserkin@hse.ru, Professor, Doctor of Psychology, professor of organizational psychology HSE. There are published monographs and textbooks on the image of the world and lifestyle, psychosemantics, consciousness. Artwork «Laughter of Shaman» («Freedom of the Shaman») reprinted in Russian 21 times, translated into three European languages.

Abstract. The article presents the author's theory of consciousness. The proposed theory allows describing unexplained yet psychological phenomenology. Ideal (psychic) and material (physical) is viewed as attributes of the substance-process of activity. Human is the subject of not one activity, but of the integral system of activities. Thus, individual consciousness is the attribute of individual system of activities and personal history of activities of the person. The difference between a system and a history of every man causes differences of consciousness (ideal attribute of system of activities) and corporeality (material attribute). Group differences of the systems of activities cause, accordingly, cultural, ethnic, regional, professional and other group differences of attributes of activity (of consciousness and corporeality).

We change reality with our activity, i.e. reality is partly dependent on our activity. Thus, «objective reality, which is independent of our consciousness» and our acts, is non-existent, and taking into account consistency and interconnectedness of the Universe, this redefines the issue of responsibility of the subject of the conscious process. Various states of consciousness of man gather in one integral self-consciousness with the help of his continuous and developing system of activities. New states of consciousness (and new knowledge) are born not from the consciousness itself, but from the development of one's activity.

Joint activity causes joint consciousness (ideal attribute of joint activity) and joint corporeality, instrumentality (material attribute). Inclusion of various subjects in common activity causes transpersonality (in its limit — noospherity) of consciousness. The unexplained yet by science, but stated parapsychological phenomenology is possible to study with the schemes of structures of individual and joint activity as processes and products of these activities, as results of processes of transpersonality and continuity (skandhas) of activities.

Keywords: activity, substance-process, attribute, theory of activity, system activity, consciousness, transpersonal phenomena.

Приложение 5
Обычные примеры усложнения знаний

(Опубликовано в: Серкин В. П. Психосемантика. Учебник и практикум для бакалавриата и магистратуры. М.: Изд-во Юрайт, 2016. 318 с. Серия: Бакалавр и магистр. Академический курс). Фрагмент учебника на с. 60—61.)

В настоящее время опубликовано очень небольшое количество работ, посвященных развитию систем значений взрослых. В связи с пониманием деятельности как системообразующего фактора систем значений **можно предположить дальнейшую специализацию**, профессионализацию последних, с одной стороны, **и нарастание их диалектичности и релятивизма**, с другой.

Пример. Если попросить шестилетнего ребенка назвать хорошие качества Волка и отрицательные качества Зайчика из известного мультсериала «Ну, погоди!», ребенок окажется в затруднительной ситуации. Для него Волк только плохой, а Зайчик только хороший. Если же об этом попросить подростка, то он без труда скажет, что Волк — смелый, предприимчивый, настойчивый, в совершенстве владеет любыми встречающимися техническими устройствами и пр., а Зайчик провоцирует, подставляет, сталкивает, манипулирует и т.д. Таким образом, значение у подростка гораздо сложнее, диалектичнее, чем у дошкольника и младшего школьника. Став еще взрослее, подросток узнает и поймет и межкультурную, и конфессиональную, и возрастную разницу значений, поймет, что значение не абсолютно, а относительно (релятивно).

Возможно, что именно эти процессы определяют уровень когнитивной сложности субъекта деятельности и его когнитивный стиль, и способности будущего специалиста к пониманию и созданию новых научных концепций.

Пример. В период классической науки еще в начале XX века невозможно было рассуждать об элементарной частице как одновременно и о частице, и о волне. В неклассической науке уже давно общепризнано, что поток, например, фотонов является одновременно и потоком частиц, и волной (принцип дополнительности). Сегодня, в период постнеклассической науки общепризнанными являются и факт влияния личности исследователя (то есть и его предпочтений-ценностей) на получаемые им результаты, и, соответственно, факт субъективности образа мира (в том числе — сложной научной картины миры).

Переход от реализации освоенных деятельностей к организации деятельностей, к действованию на уровне субъекта жизнедеятельности ведет к умению обобщать соответствующие отношения реальности (на уровне образа жизни).

Многие отношения реальности человеком не осознаются или осознаются не полностью из-за того, что для них нет соответствующих терминов в используемом практически языке. Соответствующие языковые термины развиваются (накапливаются, отсеиваются) медленно, по мере накопления индивидуальной и общественной практики.

Литературно-художественное издание

16+

Серкин Владимир

ФИЛОСОФИЯ ШАМАНА

Звезды Шамана

Ответственный редактор *А. Амелькина*
Корректор *Н. Арацкая*
Технический редактор *Т. Тимошина*
Компьютерная верстка *Л. Быковой*

Подписано в печать 12.12.2016. Формат 84×108/32. Усл. печ. л. 16,8.
Тираж 8000 экз. Заказ № М-3313.

ООО «Издательство АСТ»
129085 г. Москва, Звездный бульвар, д. 21, строение 3, комната 5
Наш электронный адрес: www.ast.ru
E-mail: astpub@aha.ru

«Баспа Аста» деген ООО
129085 г. Мәскеу, жұлдызды гүлзар, д. 21, 3 құрылым, 5 бөлме
Біздің электрондық мекенжайымыз: www.ast.ru
E-mail: astpub@aha.ru

Қазақстан Республикасында дистрибьютор және өнім бойынша арыз-талаптарды қабылдаушының өкілі «РДЦ-Алматы» ЖШС, Алматы қ., Домбровский көш., 3«а», литер Б, офис 1.
Тел.: 8(727) 2 51 59 89,90,91,92, факс: 8 (727) 251 58 12 вн. 107;
E-mail: RDC-Almaty@eksmo.kz
Өнімнің жарамдылық мерзімі шектелмеген.

Өндірген мемлекет: Ресей
Сертификация қарастырылмаған

Отпечатано в типографии филиала
АО «ТАТМЕДИА» «ПИК «Идел-Пресс».
420066, г. Казань, ул. Декабристов, 2.

Владимир Серкин
«Свобода Шамана»

Первая книга Владимира Серкина «Хохот Шамана» выдержала уже десять переизданий на русском языке, переведена и издана в Европе. Уже 15 лет автор описывает систему мировоззрения и необычный образ жизни человека, которого все окружающие считают шаманом. Книга «Свобода шамана» — дополненное и переработанное издание первой книги о «человеке будущего». Общаясь с группами людей и другими существами, Шаман овладел многочисленными необычными практиками, позволяющими ему влиять на окружающий мир, видеть действительность иначе и быть членом не только человеческих сообществ. В то же время Шаман рационален и практичен, знает, как добиться цели, взаимодействовать с другими: многие его размышления и советы поразят одновременно глубиной и доступностью мгновенной реализации, применимой в современной жизни.